LIDERANÇA EM CENA

Nuno Saramago

# LIDERANÇA EM CENA

## O que líderes podem aprender com Shakespeare e o teatro

Copyright © 2025 by Nuno Saramago

A Portfolio-Penguin é uma divisão da Editora Schwarcz S.A.

PORTFOLIO and the pictorial representation of the javelin thrower are trademarks of Penguin Group (USA) Inc. and are used under license. PENGUIN is a trademark of Penguin Books Limited and is used under license.

*Grafia atualizada segundo o Acordo Ortográfico da Língua Portuguesa de 1990, que entrou em vigor no Brasil em 2009.*

CAPA Filipa Damião Pinto | Estúdio Foresti Design
ILUSTRAÇÃO P. 149 Ana Letícia Rodrigues | Estúdio Foresti Design
REDAÇÃO Marcela Bourroul
TRADUÇÃO DE CITAÇÕES Gisele Eberspacher
PREPARAÇÃO Cacilda Guerra
REVISÃO Clara Diament e Jane Pessoa

Dados Internacionais de Catalogação na Publicação (CIP)
(Câmara Brasileira do Livro, SP, Brasil)

Saramago, Nuno
Liderança em cena : O que líderes podem aprender com Shakespeare e o teatro / Nuno Saramago. — 1ª ed. — São Paulo : Portfolio-Penguin, 2025.

ISBN 978-65-5424-046-8

1. Aprendizagem organizacional – Administração  2. Liderança  3. Performance  4. Resolução de problemas  5. Teatro – Técnicas  6. Tomada de decisão (Administração)  I. Título.

25-273144                                         CDD-658.4092

Índice para catálogo sistemático:
1. Liderança : Administração   658.4092

Aline Graziele Benitez – Bibliotecária – CRB- 1/3129

Todos os direitos desta edição reservados à
EDITORA SCHWARCZ S.A.
Rua Bandeira Paulista, 702, cj. 32
04532-002 — São Paulo — SP
Telefone: (11) 3707-3500
www.portfolio-penguin.com.br
atendimentoaoleitor@portfoliopenguin.com.br

*Dedico esta obra à minha mulher,
Susana Azevedo, e às minhas filhas,
Maria Sofia, Maria Beatriz
e Maria Leonor*

SUMÁRIO

*Prefácio — Benjamin Steinbruch*   9
*Introdução*   13

ATO I — A DESCOBERTA DO TEATRO   17
Um executivo comum em uma empresa tradicional   19
Por dentro da operação   23
Ferramenta "avariada"   25
Oprimido pela Faria Lima   28
Eureca   31
Na prática: Ensemble e os Jogos Teatrais   34

ATO II — A CONSTRUÇÃO DE UMA PONTE   41
Um antídoto para o mundo VUCA   43
Uma ideia maluca em um contexto fértil   46
O primeiro teste   50
A transformação   53
Elixir para os males do século XXI   73
Na prática: Ações simples, mas potentes   75
Na prática: Como replicar os treinamentos de teatro   77

ATO III — PAUSA PARA O MERGULHO   79
Mestrando em cena   85
Um novo mundo   88
Shakespeare e os executivos   92
Na prática: *Storytelling*   115

ATO IV — PROVA DE FOGO   117
Abrem-se as cortinas   119
Ensemble e criatividade   120
Presença corporativa   123
Escolha do elenco   130
Jogos de status   133
Segurança psicológica e transformação cultural   140
Resultados   152
Enfim, mestre   154
Na prática: Garoto Cidadão   155

ATO V — TRANSFORMAR A SI MESMO   163
Pausas e o tempo para o acaso   165
Aceitar a intuição   174
Afetação e antifragilidade   177
Autenticidade   180
Quando o teatro transforma   189
Teatro e neurociência   192
Saindo da roda do hamster   199
Na prática: Por onde eu começo a estudar teatro?   200

*Agradecimentos*   203
*Notas*   205
*Referências bibliográficas*   213

PREFÁCIO
*Benjamin Steinbruch*

LIDERAR UMA EMPRESA, seja como dono, seja como executivo, não é tarefa fácil. Especialmente quando se trata de uma indústria com sede no Brasil. O desprezo pelo setor produtivo resulta em dificuldades estruturais para realizar grandes projetos e investir em recursos que tanto gerem ganho de produtividade quanto atendam ao meio ambiente. Some-se a isso o fato de que vivemos em um país onde sofremos pela instabilidade e falta de previsibilidade política, econômica, jurídica e fiscal.

No entanto, sou otimista — talvez sem isso fosse impossível me manter há tantos anos nessa jornada como empresário. Sei que, apesar de navegar em mares continuamente agitados, temos sempre rotas possíveis para crescer e gerar empregos. O mercado brasileiro forma executivos altamente resilientes e flexíveis, capazes de gerir negócios em qualquer lugar do mundo. Se forem perspicazes, desenvolvem também o faro para aproveitar oportunidades, que sempre aparecem em meio às turbulências contextuais.

Acredito que o Nuno é um exemplo de alguém que combina essas características. Há quase três décadas trabalhando no Brasil, sabe bem como assumir as rédeas em situações complexas. Dentro da CSN, nos diferentes projetos nos quais o coloquei desde que o contratei como diretor em 2010, soube encontrar saídas para problemas que pouca gente tinha esperança de resolver. Foi só perto da publicação deste livro que descobri mais sobre sua relação com o teatro, e, olhando para os resultados, acredito que seu envolvimento com as artes potencializou sua capacidade de achar soluções e, principalmente, formar times motivados a enfrentar os desafios junto com ele.

Inicialmente, devo confessar, não entendi muito bem o interesse de Nuno por esse hobby. O que alguém com sua experiência de carreira e múltiplos desafios poderia querer em uma sala cheia de aspirantes a artistas? No entanto, sem se importar com o ceticismo e a brincadeira dos colegas de trabalho, ele foi em frente com a sua nova atividade. E surpreendendo a todos, como um bom farejador de oportunidades, viu ali uma resposta inusitada e criativa para seus dilemas de liderança. De maneira humilde e receptiva, olhou para os lados e aprendeu no convívio com os colegas artistas, olhou para cima e aprendeu com seus experientes professores do mestrado, e, por fim, olhou para baixo e decidiu ensinar e transmitir o que havia descoberto para ajudar mais gente a navegar pelos desafios corporativos.

Eu jamais imaginaria que esse engenheiro português, que em diversos momentos eu convoquei para conduzir *turnarounds* e apertar parafusos soltos na CSN, encontraria nas artes cênicas uma inspiração para trabalhar melhor. Mas assim ele fez, trazendo para nossa companhia novas ideias que contribuíram para atingir bons resultados operacionais e financeiros. Como disse, sou um otimista, mas só cheguei aonde estou porque mantive uma boa dose de realismo na minha atuação. E isso significa ter sempre no bolso do colete uma reserva para ser usada caso necessário. Para o Nuno, os aprendizados do teatro se tornaram essa pílula que ele carrega a todo momento e utiliza quando é preciso. Neste livro, ele narra o caminho que empreendeu até essa descoberta e ensina outros executivos a aplicarem as técnicas em seu dia a dia.

Até a escrita destas páginas, eu conhecia pouco sobre como, na prática, o Nuno estava levando as artes para a companhia. Mas sabia que isso estava fazendo a diferença no seu desempenho e no do seu time — e para mim isso bastava.

PREFÁCIO

Lembro-me sempre de uma conversa que tive durante um período difícil da minha vida, nos anos 1980. Consegui uma audiência de cinco minutos com um rabino muito reconhecido em Nova York, que já havia aconselhado inclusive presidentes das maiores corporações norte-americanas. Perguntei a ele como deveria agir diante dos meus problemas. Ele me olhou e perguntou se eu tinha fé, ao que respondi que sim. Perguntou ainda se eu praticava a religião, se respeitava meus pais e se trabalhava bastante. Continuei respondendo afirmativamente. Então ele me falou: está tudo ótimo, mas você pode fazer sempre "um pouquinho mais". Sigo até hoje essa sábia sugestão, que me ajudou a ser melhor em tudo o que faço. Se os conselhos de *Liderança em cena* ajudarem líderes e executivos a fazer todos os dias um pouquinho mais para entregar resultados, será de grande valia.

Ouvi certa vez de um amigo empresário que o Brasil só andará para a frente no dia em que olharmos com atenção e respeito para qualquer um que produza alguma coisa. Nuno certamente já nos ajudou a produzir toneladas de muitas coisas dentro da CSN. E agora estreia como contador de histórias neste livro que, espero, ajude muita gente a fazer ainda mais. Que seja uma inspiração para as empresas e pessoas melhorarem tudo que fazem por si mesmas, sua família, seu trabalho, seu bem-estar e seu país!

INTRODUÇÃO

*Quase sempre, novas grandes ideias não surgem de uma pessoa isolada ou de uma função, mas sim da interseção de funções ou pessoas que nunca se conheceram anteriormente.*

Clayton M. Christensen

QUANDO COMECEI A ESCREVER ESTE LIVRO, minha filha mais velha me disse: não é à toa que o Queen se tornou uma das melhores bandas do mundo. Com quatro integrantes que misturavam diferentes áreas do conhecimento, alguns críticos a consideram o conjunto mais instruído do rock. Antes de ganhar fama nos palcos, o guitarrista Brian May se preparava para ser astrofísico. O baixista John Deacon era engenheiro se especializando em eletrônica. O baterista Roger Taylor cursava biologia. E o icônico cantor Freddie Mercury era estudante de artes. Esse caldo efervescente deu origem a um dos maiores sucessos do século — e com certeza uma das bandas mais ouvidas na nossa casa. "Acho muito relevante misturar áreas que em geral ficam distantes. É legal que você conseguiu fazer isso", concluiu.

Fiquei feliz quando percebi a visão que ela tinha do meu trabalho, porque é exatamente o que sinto que aconteceu comigo. A grande transformação pela qual passei nos últimos anos, e que me levou aos insights apresentados nas próximas páginas, só foi possível porque mergulhei em um universo completamente diferente daquele onde tinha circulado até então. Foi longe do meu ambiente de trabalho e da minha formação profissional que encontrei respostas para questões sobre liderança que martelaram em minha cabeça durante anos de carreira. Não foi um encontro planejado, pelo contrário. De forma ocasional, uma serendipidade, descobri a imensa valia que a arte do teatro agrega para a formação de times e pessoas.

Depois de mais de duas décadas de carreira e de responsabilidades executivas, foi uma verdadeira epifania compreender o quanto as técnicas teatrais podem contribuir para o desenvolvimento de líderes, auxiliando-os tanto nas suas tarefas profissionais corriqueiras como em suas vidas de modo geral.

O objetivo de escrever este livro é compartilhar esse aprendizado e essa epifania, despertando a curiosidade para que se formem novas pontes entre o teatro e o mundo corporativo. É uma via que compreendo como poderosa, mas que, na minha experiência, é pouco explorada. De certa forma, minha jornada na construção dessa conexão me remete aos versos da peça *O mercador de Veneza*, de Shakespeare, ditos pela personagem Pórcia ao voltar para casa no escuro, vendo ao longe a luz de uma vela escapar pela janela: "Que longe alcança a chama de uma vela!/ É como um ato bom num mundo mau" (ato v, cena i).[1]

É curioso notar que a palavra "arte" aparece na definição de liderança em dois clássicos best-sellers da literatura de gestão, *Inteligência emocional*, de Daniel Goleman, e *O desafio da liderança*, de James Kouzes e Barry Posner. No entanto, a referência à arte termina em simples citações, nunca aprofundadas. Por outro lado, do que conheço, os estudos que estabelecem um diálogo entre o teatro e as empresas foram todos escritos por profissionais que iniciaram suas carreiras no mundo artístico ou por acadêmicos que encontraram uma maneira de aplicar seus conhecimentos em organizações. A minha perspectiva reside justamente no caminho contrário, de quem descobriu o valor do teatro depois de uma carreira executiva.

INTRODUÇÃO

Outra questão é que a maioria dos livros e artigos acadêmicos se restringe à utilidade das artes cênicas para melhorar a oratória e a expressão corporal em palestras ou reuniões. O que me fascinou foi compreender que o teatro pode oferecer muito mais do que uma melhor performance diante de um público específico. Hoje tenho convicção de que a atividade cênica apresenta inúmeras experiências e ferramentas para gerir com sucesso desafios empresariais, como criar uma maior integração entre as equipes, reduzir a ansiedade de cada um de seus membros e contribuir para a entrega de resultados.

Não apresento aqui fórmulas ou um modelo pronto, mas sim reflexões baseadas em experiências práticas, aplicadas em grandes organizações, e pitadas de teoria — afinal, a origem deste livro foi um trabalho de mestrado que defendi em 2022. Ainda assim, procurei tornar os conceitos acadêmicos acessíveis a qualquer leitor e sempre conectados a exemplos do mundo real de negócios.

Este livro pode ser utilizado por administradores e líderes que, em suas empresas, pretendem encontrar soluções para seus desafios com pessoas; por professores de escolas de administração focados no tema de gestão; por profissionais de teatro que, de alguma forma, queiram se aproximar e levar sua arte para organizações; e por todos os profissionais e indivíduos que, assim como eu, acreditam que a liderança não é meramente inata e pode ser desenvolvida. Proponho o teatro como mais um poderoso meio de aprendizado.

Os capítulos estão organizados em cinco atos, uma estrutura que tomo emprestada das peças geniais de William Shakespeare, autor por quem me apaixonei nos últimos anos (mais uma contribuição do teatro para minha vida). Contarei minha história seguindo uma ordem cronológica, para facilitar o entendimento de conceitos que também fui assimilando ao longo do tempo. O teatro traz algumas ideias opostas às práticas frequentemente vividas nas organizações e é preciso entrar aos poucos nesse universo para compreender — e ser capaz de aplicar — essa nova perspectiva.

As luzes se apagam e o palco se ilumina. Cada ato revela novos desafios e possibilidades, cada cena convida à reflexão e à exploração. Que comece o primeiro ato...

ATO I
# A descoberta do teatro

*Precisamos estar dispostos a deixar a vida que planejamos para viver a vida que está esperando por nós.*

Joseph Campbell

ATÉ OS 47 ANOS, meu contato com as artes era limitado às apresentações de teatro, canto ou balé das minhas filhas e às aquarelas da minha esposa. Ao contrário de mim, elas sempre cultivaram habilidades em diversas áreas. Eu, desde jovem, tive uma embirração por todas as disciplinas de ciências humanas. Na universidade, optei pelo curso de engenharia. Uma vez formado, iniciei minha carreira executiva e passei boa parte da minha vida adulta mergulhado em números, planilhas e cálculos, carregando e replicando o pensamento racional comum ao ambiente corporativo.

Pensando em retrospectiva, e para ser justo com a minha história familiar, tive um breve contato com as artes durante a infância. Meus avós e tios-avós por parte de pai eram oleiros no interior de Portugal. Viviam na região do Alentejo, no pequeno município de Flor da Rosa, onde a olaria de roda era a atividade predominante. Lembro-me de passar as férias de verão acompanhando a rotina deles. O dia começava às quatro horas da manhã. As horas seguintes consistiam em pegar o barro, pisar, amassar, moldar as peças e depois deixá-las para secar ao sol. Todos os dias, dormíamos a sesta e regávamos a horta, onde eram produzidos quase todos os vegetais que comíamos. No final de uma campanha de produção, as peças secas eram cozidas e, por fim, carregadas na carroça. Os dias de vender as cerâmicas na feira eram sempre muito animados — e foi nessas ocasiões que tive as minhas primeiras aulas de negociação. Hoje é comum classificar a olaria como arte, mas naquela época eu não relacionava uma coisa com a outra. Para meus avós, era apenas trabalho e, para mim, apenas a diversão das férias. Hoje penso com certa tristeza que fui o único da minha geração que aprendeu sobre a cerâmica de roda, ofício da família que se extinguiu na pequena Flor da Rosa.

À parte dessas experiências pontuais, segui uma carreira executiva tradicional, trabalhando sobretudo na indústria do aço e de cimentos. Tinha o desejo de crescer e alcançar um novo status de maneira acelerada, afastando-me da minha condição inicial o mais rápido possível. Queria me tornar o presidente mais jovem da empresa. Queria ser a pessoa mais bem-sucedida financeiramente da minha turma de faculdade. Queria vencer e passar na frente de todo mundo. De certa maneira, foi o que fiz durante as duas primeiras décadas da minha carreira. Portanto, a última coisa que eu me imaginaria fazendo era um mestrado profissional em artes da cena ou escrevendo um livro sobre teatro e liderança. Eu, um executivo comum, que quase nada sabia sobre arte. Mas, em 2018, o encontro com o teatro mudou em definitivo a rota da minha vida. Eu me abri para um universo completamente diferente e nas artes cênicas encontrei respostas que buscara durante anos, passando a aplicar meu aprendizado no trabalho com minhas equipes. Pode parecer loucura, mas as mudanças que empreendi na minha gestão tiveram resultados concretos e positivos nos negócios.

Antes de entrar nos detalhes dessa transformação, considero relevante explicar o caminho que percorri, sobretudo para esclarecer que a aplicação das técnicas de teatro em empresas não requer um gestor extravagante, uma pessoa com experiência prévia em palcos nem um ambiente descolado de startup. Elas podem ser usadas por qualquer líder, em qualquer momento da carreira, mesmo dentro da empresa mais tradicional.

### Um executivo comum em uma empresa tradicional

Nasci e cresci em Portugal, exceto por uma breve temporada de dois anos em Angola, de onde voltei com quatro anos. Vivi até a adolescência nas Caldas da Rainha, uma pequena cidade perto do Atlântico, vizinha da turística Óbidos e das ondas gigantes da Nazaré. Tive uma infância humilde para os padrões de Portugal — o equivalente à classe média baixa no Brasil —, mas com a vantagem de experimentar muita liberdade, me dividindo entre a escola e as tardes de molecagens na rua com a garotada do bairro. Durante as aulas, ficava com a turma da primeira fila — e nas disciplinas que me interessavam, como matemática, física e química, tirava notas ótimas. Já no recreio e nas horas vagas, aprontava com a turma do fundão.

Naquela época, as escolas públicas portuguesas criavam grupos com os alunos de melhor desempenho, e aos catorze anos fui selecionado para ingressar no grupo de ciências. Era um período em que eu também estava muito envolvido nos treinos de ginástica olímpica, portanto mais disciplinado e causando menos confusão na rua. Comecei a me relacionar com os melhores alunos da escola, a ouvir música clássica e a participar de movimentos que reivindicavam mudanças no sistema educacional português. Essa mudança de rota me tornou um pouco mais intelectualizado e me levou a ser um dos poucos integrantes da minha turma do bairro a ingressar no ensino superior.

Minha ideia inicial era entrar na universidade e por lá ficar. Queria me tornar professor e cientista. O primeiro curso que pensei em fazer foi astrofísica, algo totalmente teórico. Por influência de um tio, acabei indo para a engenharia — aproveitando-se da minha ingenuidade, ele me garantiu que seria quase a mesma coisa. Como nunca tinha dado bola para as matérias de ciências humanas na escola, precisei compensar essa desvantagem e aprender inglês sozinho, pois, sem isso, não conseguiria estudar engenharia. A muito custo, corrigi minha defasagem e fui aceito no Instituto Superior Técnico de Lisboa, uma das instituições de melhor reputação na área de engenharia na Europa. Foi lá que redefini meus planos profissionais.

Desde o início da faculdade me envolvi com a Associação dos Estudantes do Instituto Superior Técnico (Aeist). Vindo da pequena Caldas da Rainha, eu não tinha muitos conhecidos em Lisboa, nem dinheiro para o lazer. A Associação se tornou um espaço onde eu me distraía dos estudos e convivia com muitas pessoas. Junto com a Susana, na época minha namorada (hoje minha esposa), comecei a colaborar na promoção de uma feira de empregos da universidade. Depois, criamos o Gabinete de Estágio, que existe até hoje.

Naquele momento, a Associação era dominada por partidos políticos como um núcleo de formação de futuros líderes. Quando entrei no Técnico, sua direção estava nas mãos da juventude do Partido Social Democrata (PSD), na época o partido dominante em Portugal, de orientação política mais ao centro. Mas, em 1992, durante meu terceiro ano de faculdade, me desentendi com quem estava no poder. Nem lembro o motivo, mas fato é que fui convidado por outro grupo de colegas entusiasmados que concorreriam às eleições seguintes como lista independente. O objetivo era recuperar a Associação para os alunos. Aceitamos o convite. Como era de esperar, enfrentamos poderosos adversários apoiados e financiados pelos partidos. A possibilidade de ganharmos era pequena. Eles tinham cartazes e panfletos impressos em gráficas profissionais. Nós usávamos restos de estandes e pallets de eventos para montar o nosso palanque. Eles andavam de terno e gravata, nós carregávamos pregos e martelos e tínhamos as mãos sujas de tinta por pintar cartazes. Nosso lema se tornou "Do lixo construímos", uma frase que bradei durante um debate e que acabou fazendo grande sucesso. No dia da contagem de votos, duzentos papéis desapareceram das urnas. Foi uma confusão até acabar com a sabotagem, e, afinal, nossa dedicação superou os recursos financeiros (e a ética questionável) dos adversários. Vencemos as eleições.

A Aeist não tinha apenas o papel de representar os mais de 8 mil estudantes. Tinha responsabilidades administrativas, movimentando muito dinheiro, com uma extensa folha de pagamento — cerca de cinquenta funcionários sob sua gestão.* Estavam sob nossa direção cantinas, bares, reprografia, editora, instalações esportivas, entre outros serviços. No entanto, quando tomamos posse, trazendo conosco uma agenda repleta de ideais de intervenção política, nos deparamos com algo inesperado e inoportuno: uma estrutura falida, sem caixa para pagar os salários do mês seguinte. A contragosto, ganhei o título de tesoureiro da associação e me ocupei de fazer minha primeira reestruturação empresarial — o famoso *turnaround*. Uma das principais iniciativas para sanear as finanças foi cuidar de perto da reprografia, que era a fonte de financiamento mais importante da associação. Reorganizei os funcionários, negociei com fornecedores, e, assim que voltamos a ter as contas no azul, apliquei os excedentes financeiros em novos equipamentos. Entre outras iniciativas de destaque que implementamos ao longo dos anos estão a estruturação do Gabinete de Estágios e a criação do Serviço de Apoio Psicológico para os estudantes. As mudanças que nossa gestão implementou reverberaram por anos na universidade — ainda hoje, quando volto a Lisboa para visitar a Aeist, os funcionários me reconhecem e param para conversar.

Essa experiência de gestão e primeiro contato com uma função de liderança, que durou até 1994, alterou meus planos de fazer carreira na academia. Nas décadas seguintes, esse mesmo roteiro de reestruturação empresarial se repetiria muitas vezes na minha trajetória. Conduzi diversas mudanças culturais e participei da criação de novos negócios. Tornei-me um generalista, especializado em transformar e administrar negócios em dificuldade.

Terminei minha licenciatura em engenharia mecânica em 1996 e no mesmo ano entrei na Gonvarri Portugal, uma indústria siderúrgica de

---

\* A estrutura da Associação de Estudantes do Instituto Superior Técnico (Aeist) foi baseada nas ideias do professor Alfredo Bensaude, engenheiro, fundador da escola e reformador do ensino tecnológico em Portugal no início do século xx. Bensaude acreditava na importância do protagonismo dos estudantes na administração acadêmica.

origem espanhola e atuação multinacional. Dois anos depois, recebi um convite para ser expatriado para o Brasil. Foi fácil tomar a decisão de embarcar, pois eu e Susana já tínhamos vontade de sair de Portugal e viver uma experiência internacional. Eu nunca tinha visitado o Brasil, mas sem pestanejar aceitei assumir a função de gerente de logística de uma fábrica no Paraná. Minha única frustração foi me deparar com o frio congelante de Curitiba — afinal, achava que estava indo para um país tropical! Depois de dois anos fui promovido a gerente de projetos e me mudei para Hortolândia, no interior de São Paulo, com a missão de construir uma fábrica. Terminado o projeto, voltei para Curitiba e, com 33 anos, fui convidado a assumir o cargo de CEO da Gonvarri Brasil.

Estava seguindo o caminho profissional que havia traçado e vivi um primeiro ano de gestão excelente. Era 2003 e o mercado do aço estava em alta com o aumento do preço do minério e a maior demanda da China pela matéria-prima. Achei que minha vida estava resolvida. No âmbito pessoal também estava realizado, com o nascimento da minha primeira filha e feliz de ver a carreira da minha esposa deslanchando no Brasil — também formada em engenharia no Técnico de Lisboa, ela atuava como gerente de uma fábrica de autopeças no Paraná.

Porém, no começo de 2005, uma reviravolta mostrou que eu havia comemorado cedo demais. Descobri que meu diretor financeiro estava envolvido em atos ilícitos relacionados a tributos — e essa era só a ponta do iceberg. Teve início então um período de cinco anos para arrumar a empresa, que descobrimos estar contaminada de problemas. Foram meses investigando o que estava acontecendo, quem eram os responsáveis e quem estava envolvido. Demitimos várias pessoas, inclusive líderes, tanto do departamento financeiro quanto do comercial. Reorganizamos a equipe com executivos de confiança e contratamos algumas consultorias para nos ajudar. Foi nessa época também que conheci os grandes escritórios de advocacia de São Paulo, aos quais recorri para conduzir os processos. Precisei aprender em detalhe sobre assuntos tributários, implicações criminais e compliance. Se hoje tenho facilidade de me sentar com qualquer time de jurídico e compliance, devo a essa experiência intensiva. Enfim, após muitas noites em claro, conseguimos sanar as irregularidades e recolocar a companhia nos trilhos. Em

2008, vendemos metade da operação para a siderúrgica ArcelorMittal, constituindo a ArcelorMittal Gonvarri Brasil. Ainda passei mais um ano e meio comandando a nova estrutura.

Em 2010, recebi um convite para entrar na Companhia Siderúrgica Nacional (CSN), como diretor de distribuição e logística. Naquela época, a CSN já era uma das maiores siderúrgicas do país, com receita anual de 14,5 bilhões de reais. A proposta fazia sentido para minha experiência, bem como para o momento da família, já que minha esposa estava abrindo sua própria empresa de consultoria. Aceitei e nos mudamos para São Paulo. Desde então, atuei em diversos cargos executivos na CSN, aplicando em vários deles minha expertise em *turnarounds*, já um pouco mais calejado no tema e com menos ilusões sobre o mundo corporativo. Foi lá também que, oito anos depois, fiz a minha incursão na arte do teatro e comecei a transformar meu estilo de liderança.

### Por dentro da operação

A CSN está entre as cinquenta maiores empresas brasileiras — em 2024, ficou em trigésimo lugar no ranking da revista *Exame*.[1] Nesse mesmo ano, teve um faturamento total de 45,5 bilhões de reais. Fundada em 1941, durante a administração do então presidente Getúlio Vargas, foi privatizada em 1993.

Com presença multinacional, atua em cinco segmentos estratégicos da economia: siderurgia, mineração, logística, cimentos e energia. Tem operações em toda a cadeia produtiva do aço, da extração do minério de ferro à produção e comercialização de produtos siderúrgicos destinados a diversas indústrias, como automotiva, construção civil, embalagens metálicas e linha branca.

São mais de 45 mil colaboradores espalhados pelo mundo, boa parte deles operários, trabalhando dentro de fábricas e usinas. O símbolo mais icônico da CSN é a Usina Presidente Vargas (UPV), localizada em Volta Redonda (RJ), uma das maiores siderúrgicas da América Latina. Mesmo eu, que já conhecia grandes usinas, fiquei impressionado com sua dimensão na primeira visita. Em 2024, circulavam por lá todos os dias quase 20 mil pessoas entre funcionários diretos e indiretos. Toda a sua infraestrutura é capaz de, em poucas horas, transformar minério de ferro em aços longos e planos, que saem da fábrica direto para os clientes. Ao todo, a UPV tem capacidade instalada para produzir 5,6 milhões de toneladas de aço por ano. Conta ainda com uma planta de produção de cimento e uma ferrovia interna. É uma operação dantesca, mas ao mesmo tempo fascinante, que envolve fornos acima de 1000°C e maquinários gigantes.

Estamos falando de uma empresa aberta, com ações negociadas nas Bolsas de Valores de São Paulo (B3) e de Nova York (New York Stock Exchange, NYSE), mas que conserva características de empresa de dono. As grandes decisões sempre passam por Benjamin Steinbruch, presidente do Conselho de Administração desde 1995 e diretor-presidente da CSN desde 2002 — e o mais sagaz negociador que conheci na minha carreira.

Em relação à cultura, tem um estilo de gestão relativamente tradicional. Há uma hierarquia definida, que tende a demarcar os limites de atuação de cada profissional, mas também é uma empresa que opera em rede, onde as pessoas são conectadas e a informação se espalha rapidamente. Do ponto de vista de estratégia de negócio, a CSN é extremamente agressiva, buscando máxima eficiência de custos e comercial, além de ter um DNA de crescimento e verticalização, sempre de olho em novas oportunidades. Portanto, o trabalho é intenso e de grande pressão, mas os times têm forte senso de urgência, agilidade e capacidade para se adaptar. Tais características ficaram ainda mais evidentes durante a pandemia de covid-19, momento de crise em que a empresa teve uma performance acima da média do setor. Em 2020, na esteira de bons resultados operacionais e financeiros, a ação da CSN teve a maior alta do Ibovespa, com valorização de 126%.[2]

Costumo brincar que, ao longo de todos esses anos na CSN, me especializei oficialmente em assuntos complicados. De início, fui responsável pela área de Logística e Distribuição. Lá, tive como primeiro desafio resolver a falta de capacidade de transporte ferroviário de clínquer (principal componente do cimento) da fábrica de Arcos (MG) para os recém-inaugurados moinhos de Volta Redonda. Coordenei a ampliação dos Centros de Serviços de aços planos de Mogi das Cruzes (SP). Depois, por um breve período, cuidei do negócio de Cimentos, liderando a construção de uma nova fábrica em Arcos. Inaugurada em 2015, ela elevou a capacidade instalada da companhia em cimentos para 4,3 milhões de toneladas.

Em 2016, assumi o departamento de Vendas Especiais, no qual lidávamos com todos os subprodutos da produção do aço, desde a sucata até resíduos como embalagens de pallets. Seguindo a tônica de *turnarounds*, fiz uma grande transformação nessa área, reorganizando as equipes espalhadas pelas fábricas e tornando rentável algo que antes era um gasto, pois passamos a vender o que era considerado resíduo. Além disso, encontramos um destino sustentável para muitos dos itens. Antes encaminhados para aterros, hoje vão para locais específicos de reciclagem ou voltam como matéria-prima para a indústria. Quando cheguei, aproveitávamos 70% dos resíduos, percentual que subiu para 92% em 2024. Em Volta Redonda, o pátio de sucatas é atualmente uma das áreas mais limpas e organizadas da usina e uma das nossas vitrines de logística reversa. Se quando assumi a área ela era o patinho feio da empresa, hoje temos pessoas pedindo para trabalhar ali. Com um forte senso de propósito instalado, consigo capturar os melhores trainees da empresa para as sucatas. Assim como no meu tempo de Associação dos Estudantes: "Do lixo construímos".

### Ferramenta "avariada"

Desde que entrei na CSN, tinha a sensação de que minha ferramenta de gestão estava avariada. Já fazia algum tempo que sentia falta de uma metodologia para me apoiar nos processos de transformação organizacional.

Sendo engenheiro, sempre me vi com uma grande dose de frustração por não compreender o fato de que, por mais óbvios que fossem os dados e as informações, não eram o suficiente para motivar as pessoas a alterarem seu comportamento e atitudes. Como é natural, durante os anos de carreira e as diferentes experiências, aprendi por meio da tentativa e erro. Fui entendendo as estratégias que funcionavam e aquelas que não alcançavam resultados desejados, com o objetivo de realizar as mudanças de forma cada vez mais rápida, econômica e com a menor quantidade possível de danos colaterais.

No início da carreira, a formação técnica me ajudou a superar os primeiros degraus da escalada organizacional, mas logo senti dificuldade para realizar o trabalho relacional exigido pelas funções de liderança, quando tudo passa a ser sobre pessoas. Assisti a palestras, fiz coaching e aproveitei o que o mercado disponibilizava. Apesar disso, sentia que evoluía mais por intuição do que por qualquer ferramenta estruturada.

Mesmo buscando referências para evoluir, por muito tempo operei com base em uma postura que hoje considero ineficiente. Durante boa parte da minha carreira, para cada pessoa do meu time eu criava um projeto específico de desenvolvimento. Tinha planos para todo mundo. Tal qual o modelo orbital do astrônomo Nicolau Copérnico, eu era o Sol, definindo a rota de cada planeta — uma estratégia comum entre executivos, que tentam controlar o máximo possível de variáveis. Eu lia todos os livros que podia, contratava consultorias especializadas e fazia tudo ao meu alcance, acreditando que, se não fosse o melhor executivo do mundo e não guiasse as pessoas pelo mesmo caminho, meus times estariam condenados ao fracasso. Eu também era muito mais rígido. Olhava apenas os resultados, sem ponderar o caminho das pessoas, levando tudo a ferro e fogo. Se desse certo, a pessoa ganhava um tapinha nas costas. Se desse errado, era punida.

Aos poucos concluí que essa era uma estratégia ineficaz. Ninguém se desenvolve por coerção — o resultado só aparece quando há uma vontade natural da pessoa. Eu ficava insistindo, desentocando gente sem interesse em se desenvolver, e acabava arranjando um problema para mim. Porque quando, depois de todo o meu planejamento e esforço, a pessoa não evoluía como esperado, a culpa passava a ser minha. Ora, se ela não correspondera às expectativas, era porque eu não lhe tinha dado ferramentas suficientes. Hoje sei que minha responsabilidade não é fazer planos para as pessoas, mas estar disponível para acolher e orientar aqueles que querem se desenvolver de maneira proativa. Ao gestor faz bem a passagem do tempo para observar a ineficácia de algumas estratégias. Como diz o general Otelo, na peça homônima de Shakespeare: "Sua idade, senhor, comanda mais/ Que as suas armas" (ato I, cena II).³

Outra providência que tomei para tentar melhorar foi ler muito sobre gestão, hábito que mantenho até hoje. Lembro-me de quando descobri o trabalho de Daniel Goleman, autor de *Inteligência emocional*, publicado originalmente em 1995. O psicólogo e escritor americano popularizou no mundo dos negócios e da educação o conceito de "quociente emocional" (QE), apresentado por John Mayer e Peter Salovey em uma revista acadêmica no começo dos anos 90. Naquela época, a proeminência do quociente de inteligência, o famoso QI, como critério de excelência e sucesso na vida era inquestionável — e o QI já era estudado havia mais de cem anos. A inteligência emocional, porém, era um conceito relativamente novo, que abarca não apenas a forma como lidamos com nossas emoções, mas também quão bem lidamos com nós mesmos e com as nossas relações. Em seus livros ao longo de décadas, Goleman mostrou como o QE pode ser tão importante quanto o QI para o desempenho de um indivíduo, líder ou equipe. Portanto, líderes deveriam desenvolver quatro pilares: a autoconsciência, o autocontrole, a consciência social e a gestão de relacionamentos.

Essas ideias atualmente já estão bastante difundidas nas disciplinas de gestão, mas quando li pela primeira vez o livro de Goleman fiquei consciente de meu nível de incompetência nesses aspectos. Precisava melhorar, mas tive poucos insights de como fazê-lo. Os quatro pilares são apresentados como competências desejáveis para quem ambiciona ser líder, mas como desenvolvê-los, no meu contexto, ainda não aparecia de forma muito clara. Compreendi o conceito em termos teóricos, mas faltava algo que, no momento, era intangível.

Meu sentimento em relação ao trabalho de Goleman foi o mesmo que tive com vários outros livros. Grande parte da literatura de gestão e administração apresenta o que buscar com o formato final, o objetivo a atingir, suas virtudes e resultados nas organizações, descrevendo em detalhe as características de uma boa liderança, mas é raro que apresente o "como" para desenvolver esse modelo. Já os livros que se propõem a ser manuais, descrevendo o passo a passo para a implementação de um sistema, tendem a ser demasiado rígidos, com fórmulas que não se adaptam às diversas condições sociais e culturais encontradas nas empresas. Mas quando tive contato com a arte do teatro, encontrei a possibilidade de formular uma metodologia estruturada e ao mesmo tempo flexível para encarar os desafios de liderança e reestruturações corporativas.

### Oprimido pela Faria Lima

O meu caminho até o teatro começou a partir de um incômodo profundo com minha vida profissional e social — ou, como definiu minha filha mais velha, por uma crise de meia-idade.

Era 2018 e eu estava vivendo um período mais ocioso na carreira. Naquele momento, eu era o diretor de dois departamentos na CSN: o Departamento de Projetos, uma área que se dedicava a estudar e iniciar a execução de um conjunto de novas ideias da presidência, e o Departamento de Vendas Especiais, responsável pela venda de tudo que não era o produto principal da empresa (da sucata gerada pelas fábricas ao mobiliário inutilizado dos escritórios). Eram áreas movimentadas, mas que eu já tinha assumido havia algum tempo, portanto com times e processos bem organizados para lidar com as demandas. Como fico entediado com facilidade, a falta de novos desafios começou a me deixar inquieto.

Eu também estava incomodado com o ambiente da Faria Lima. Retrato do mundo corporativo paulistano, a região concentra escritórios das maiores empresas do país. Tal como em outros centros financeiros pelo mundo, como Wall Street, em Nova York, ou a City, em Londres, as pessoas que por ali circulam têm um estilo homogêneo. Nos centros comerciais, nas calçadas, nas lojas e nos restaurantes, as pessoas se comportam de maneira muito parecida e eu me cansava daqueles rituais de uniformidade — as mesmas roupas, gostos, discussões e preferências gastronômicas.

Tive ainda muita dificuldade de me adaptar ao ambiente do escritório, pois estava acostumado com fábricas, onde há sempre espaço ao ar livre e pelo menos algumas áreas ajardinadas. Além disso, quando não há nada para fazer, basta dar uma volta no setor de produção para encontrar algo a ser resolvido ou alguém com algum problema. Em contraste, espaços corporativos sempre foram extremamente claustrofóbicos para mim. Durante um tempo, a solução que encontrei foi viajar com frequência para visitar as unidades da CSN. Quando passava muitos dias seguidos em São Paulo, saía em horários aleatórios para caminhar na rua, sem destino, apenas para tomar um ar. Para piorar, o Brasil vivia o clima de polarização das eleições presidenciais de 2018, que também se refletia no escritório. Com o estresse aumentando, eu precisava buscar algo diferente. A Faria Lima estava me esmigalhando.

Para minha surpresa, a monotonia me fez sentir saudades dos tempos de universidade. Uma sensação estranhíssima, pois sofri muito para me formar no Técnico de Lisboa. Lá, o orgulho maior de muitos professores era reprovar alunos, numa lógica que se aproxima do "pede pra sair" do capitão Nascimento.* Eu, que ali tinha ingressado com a melhor nota de matemática na prova portuguesa equivalente ao vestibular no Brasil, tirei 4 (de 20) na primeira prova como universitário. Mesmo depois de anos após receber meu diploma, eu acordava no meio da noite assombrado por pesadelos nos quais era reprovado nos exames.

Animado por aquele desejo inesperado de retornar aos estudos, perguntei a meus colegas, diretores da CSN, sobre o que estavam fazendo para se atualizar. A opção mais comum era se inscrever em um MBA executivo. Acessei o programa de alguns cursos para entender as disciplinas, mas desanimei. Currículos protocolares e professores com pouca experiência prática em empresas. Eu não sabia o que queria, mas já tinha certeza do que não queria.

Cansado de circular entre as mesmas pessoas e os mesmos lugares, decidi fazer algo que nada tinha a ver com trabalho e simplesmente me ocupar com outro assunto. Para ser honesto, não me lembro com exatidão como cheguei à ideia do teatro. Mas me pareceu uma boa alter-

---

* Personagem do filme *Tropa de elite*, que usa a frase em momentos de extrema pressão, quando recrutas estão sendo testados ao limite durante os treinamentos intensivos do Batalhão de Operações Policiais Especiais (Bope), do Rio de Janeiro.

nativa fazer um curso livre. Então, fiz uma escolha da mesma maneira como escolho o restaurante quando vou a uma cidade pela primeira vez: abri o Google Maps e digitei "escola de teatro". Descobri o Teatro Escola Macunaíma, que ficava a apenas dez minutos do escritório. As aulas aconteciam todas as segundas-feiras à noite, portanto seria possível conciliá-las com o trabalho na CSN.

Fiz minha inscrição e recebi as orientações para a primeira aula: não vá de calça jeans, use roupas confortáveis. Estranhei, mas obedeci. Na chegada, me recepcionaram com outro pedido curioso: tire os sapatos. Entrei descalço e ocupei meu lugar no círculo que estava se formando. Mais um choque cultural, pois nada nas empresas se faz nesse formato. Tudo é organizado em pirâmides ou fileiras, com ordem e hierarquia. O círculo, ao contrário, nos coloca em igualdade de circunstâncias — não entendi de imediato, mas estava conhecendo ali a primeira oposição de lógica entre as empresas e o teatro.

O professor começou a aula perguntando o que levara cada um de nós até aquela sala. Quando meus colegas começaram a falar, entendi que tinham objetivos muito sérios. Cerca de dois terços das pessoas queriam tirar o DRT, registro emitido pela Delegacia Regional do Trabalho, exigido para artistas e técnicos serem contratados para trabalhos em televisão, cinema, teatro, publicidade e dublagem. Nunca tinha ouvido falar nisso, mas logo compreendi: eu havia me inscrito em um curso técnico profissionalizante e não em um curso livre, como imaginava. Foi mais uma surpresa, mas segui sentado, ouvindo os relatos. Em seguida ficou claro que o outro terço do grupo estava ali por recomendações terapêuticas. Eram pessoas tímidas, que viam no teatro a possibilidade de quebrar algumas barreiras de comportamento. Por fim, chegou a minha vez. Respondi com sinceridade. Não queria me tornar ator, nem melhorar a oratória — apesar de introspectivo, sempre havia sido um bom palestrante e debatedor. Eu estava ali pois queria sair da minha bolha e conhecer pessoas diferentes.

Ao final da aula, já estava claro que meu objetivo seria cumprido. Naquele momento eu ficava restrito aos vizinhos do meu prédio, aos colegas da Faria Lima e aos pais dos amigos das minhas filhas, todos com condições de vida similares. No Macunaíma, havia gente de todos os lugares e feitios. "Existe um mundo fora destes muros", como diz Coriolano em uma das mais célebres frases da peça homônima de Shakespeare (ato III, cena III).[4] Um jovem do interior do Brasil que chegara a São Paulo recém-formado no ensino médio, morando de favor na casa de uma tia, sonhando em se tornar dublador. Um rapaz que trabalhava como garçom e desejava tirar seu DRT para seguir carreira de ator. E um par de outros sonhando em ingressar na TV Globo.

Estava em um ambiente desconhecido, com normas, condutas, códigos completamente diferentes do que eu estava acostumado. Claro que essas diferenças gerariam alguns conflitos nos semestres seguintes. Mas, de certa maneira, ser contrariado era o que eu estava buscando. Queria uma coisa nova, que me tirasse da convivência limitada com pessoas que tinham as mesmas opiniões. Então, lá fui eu para a segunda aula.

**Eureca**

Passamos os primeiros meses basicamente fazendo "brincadeiras de criança" — ou, pelo menos, era assim que eu interpretava as atividades. Tínhamos que andar descalços pela sala, olhando uns para os outros no olho. Se ninguém estivesse olhando para você, deveria murchar até se deitar no chão, fingindo-se de morto. Para salvar o colega morto, era preciso se colocar ao lado dele e rebolar. Achava tudo aquilo esquisitíssimo e me fazia falta a companhia da minha filha mais nova, Sofia, então com quatro anos, pois aquelas dinâmicas pareciam infantis.

Apesar do meu estranhamento, sempre terminava as minhas segundas-feiras feliz. Continuava voltando ao Macunaíma semana após semana porque as aulas eram divertidas. Era um tempo gostoso, e sentir-me bem era o suficiente para manter minha matrícula. Conforme avançávamos no curso, os exercícios propostos iam exigindo mais exposição individual perante o grupo.

Ao final do primeiro semestre, os professores propuseram um exercício cênico que deveríamos organizar em uma semana. A turma foi dividida em grupos e cada um deveria escolher uma música para encenar. O meu decidiu se basear em "Faroeste caboclo", da banda Legião

Urbana, que conta a saga de João de Santo Cristo ao recomeçar sua vida em Brasília. Eu nunca tinha ouvido essa música. Mas isso não fez diferença. Organizamos nossa pequena peça e conseguimos trabalhar em elevada sincronia. No dia da apresentação, colocamos a música para tocar e durante seus quase dez minutos de duração encenamos a história. Foi um sucesso. Havíamos nos tornado um time.

Foi então que aconteceu o meu momento eureca. Aquelas pessoas com idades, experiências de vida, referências culturais, inteligências, status social e objetivos completamente diversos de repente tinham sido capazes de se unir como um núcleo sólido e coeso em torno de um propósito comum.

Eu, que no primeiro dia me sentira um completo estranho no ninho, de repente estava engajado com toda aquela gente. Havia criado um vínculo com pessoas a princípio totalmente distantes da minha realidade. Eu, que havia chegado ao Macunaíma sem nenhum objetivo, enxergava de repente um resultado inesperado. Aquelas "futilidades" como rebolar em cima uns dos outros haviam levado a esse senso de grupo? Como era possível? Custava-me acreditar que as "brincadeiras de criança" haviam gerado uma conexão entre as pessoas. Para mim não fazia sentido algum. No entanto, diante de mim, estava a prova irrefutável de que algo poderoso acontecera em quatro meses de convivência.

Fiquei pensando quando tinha sido a última vez que me sentira assim. Lembrei-me dos meus tempos nas Caldas da Rainha, quando aprontava na rua com o grupo de miúdos do bairro, alguns dos quais são meus amigos até hoje. Havia brigas, algumas físicas, mas tínhamos um forte senso de comunidade. Estávamos sempre reunidos para jogar bola e quando algo dava errado fugíamos juntos dos guardas.

Depois, pensei nos tempos de universidade. Fora assim a minha experiência, dirigindo a Associação dos Estudantes. Éramos quinze pessoas com grande capacidade intelectual e de trabalho, mas também muitas divergências e o enorme desafio de recuperar uma instituição falida. Passamos noites em claro para resolver os problemas financeiros, desenvolvemos projetos sem dinheiro e brigamos para contornar as discussões políticas, mas ao final criamos um grupo que até hoje se encontra e conversa, quase trinta anos depois de deixarmos nossas funções.

É curioso lembrar que, para unir essa turma da Aeist, também lançamos mão de algumas ferramentas. Na época, eu estava longe de descobrir o teatro, mas recorremos a uma psicóloga, Isabel Gonçalves, até hoje grande amiga, que nos ajudou a fazer um trabalho de integração e mediou encontros durante os quais escolhemos quem seria o presidente. Organizamos também um fim de semana de sobrevivência nas montanhas. Atravessamos uma serra na fronteira com a Espanha apenas com uma mochila nas costas. Foi uma experiência de convívio intensa, que incluiu carregar uma das integrantes com o pé torcido por parte do caminho e descobrir ao final da trilha que não havia trem para voltarmos para Lisboa. Essas dinâmicas ajudaram a criar laços entre nós tal como as dinâmicas teatrais.

Mais tarde, já morando no Brasil, Susana e eu promovemos alguns passeios de aventura com nossos times dos respectivos trabalhos em Curitiba — o meu na siderúrgica e o dela na indústria automotiva. Reuníamos as pessoas aos finais de semana para andar de barco e fazer rafting. Foram dias memoráveis, dos quais nossos colegas se lembram até hoje, e que ajudaram a nos integrar ao país.

O que me espantou foi perceber quão rara era essa sensação de conexão nas empresas. Em 22 anos de carreira corporativa, eu havia criado relações mais profundas com um ou outro colega, mas em nenhum momento senti essa integração total com o grupo. As relações com as pessoas sempre foram mais herméticas, distantes, utilitárias.

Então, naquele fim de semestre, comecei a pensar no teatro como uma ferramenta para me tornar um executivo melhor e formar equipes mais integradas dentro da empresa. Seria aquela experiência replicável e aplicável às organizações? Ficava cada vez mais nítido que aquele conjunto de atividades era eficiente dentro da sala de teatro. O grupo mudava a cada semestre, mas logo estávamos todos integrados, como se nada tivesse sido alterado. Eu ainda não tinha nenhuma referência teórica sobre o que estava acontecendo, mas sentia na pele o fantástico efeito dos nossos encontros semanais. De alguma maneira, eu teria que levar aquela descoberta para o lugar de onde eu vinha.

Naquela primeira aula, ao formarmos o círculo e compartilharmos o que nos levava até ali, não foi uma surpresa quando alguém disse que se achava muito tímido e, por recomendação terapêutica, havia se inscrito no curso de teatro. Mas se alguém ao meu lado tivesse dito que se inscreveu depois de um feedback de seu gestor, que recomendou testar o teatro como maneira de se tornar um (ou uma) líder melhor, eu teria me espantado. Hoje é exatamente isso que faço com as pessoas sob minha gestão.

> **Na prática: Ensemble e os Jogos Teatrais**
>
> Entender os Jogos Teatrais é o primeiro passo para assimilar a lógica de funcionamento do teatro, bem como uma potencial ferramenta de transformação nas organizações.
>
> Aquilo que eu entendia nas minhas primeiras aulas no Macunaíma como "brincadeira de criança" era na verdade uma técnica consagrada para treinamento de atores, chamada Jogos Teatrais. Esse sistema é fundamentado pelo trabalho de diversos pesquisadores e é o "arroz e feijão" para quem está no mundo do teatro.
>
> Não foi por acaso que chegamos ao final do semestre como um grupo coeso. Essa sintonia foi construída por cada exercício proposto pelos professores. O objetivo dos Jogos Teatrais é criar um ambiente de conexão, confiança e colaboração. Essa atmosfera resulta em condições favoráveis ao processo criativo e é conhecida no teatro como "ensemble" — palavra que utilizarei com frequência ao longo deste livro. O que estávamos fazendo nas aulas era nada mais nada menos que exercícios de ensemble.
>
> O ator, consultor e professor britânico Piers Ibbotson se refere ao ensemble nos seguintes termos:
>
> > Uma definição de ensemble poderia ser um grupo que concorda em suspender a hierarquia e os jogos de status com o objetivo de fazer as coisas acontecerem. Hoje em dia, muitos diretores não seguem em frente até que tenham passado um bom tempo criando um ensemble, preparando a equipe com jogos e exercícios.[5]
>
> Segundo ele, o trabalho de ensemble prepara o grupo para um estado mental criativo, liberando os atores da ansiedade de como serão recebidos ou percebidos, deixando todas as energias livres para a criação.

É raro que as empresas cultivem o ensemble, quase nunca preparando um grupo para trabalhar em conjunto. Um exemplo corriqueiro: quando chega alguém novo na equipe, o máximo que fazemos é enviá-lo à integração promovida pelo departamento de Recursos Humanos (RH) (geralmente recheada de informações burocráticas sobre direitos e deveres dos funcionários). Alguns gestores sugerem agendar reuniões individuais para que o novato conheça seus colegas. Depois, explicamos quais serão suas tarefas e metas. Seguimos em frente, esperando que esse novo integrante comece a produzir logo e a dar resultados no trimestre seguinte, sem dar muito tempo e atenção ao seu acolhimento — o oposto do teatro, onde através do ensemble se procura a mais harmônica integração dos novos participantes do elenco.

Os Jogos Teatrais são uma ferramenta para atingir o estado de ensemble. Eles foram concebidos inicialmente por Viola Spolin, considerada "mãe" do teatro de improviso moderno. Sua metodologia, desenvolvida a partir dos anos 1940, influenciou a primeira geração de artistas da arte da improvisação, se consagrou como um sistema completo de treinamento de atores e segue presente nos fundamentos do ensino do teatro e na base da *stand-up comedy*.

Viola definiu Jogos como sendo uma atividade em grupo, limitada por regras específicas. Diversão, espontaneidade, entusiasmo e alegria devem estar presentes em cada Jogo. Ela acreditava que a cultura familiar e autoritária usava a aprovação e a desaprovação como uma forma de controle social, limitando a capacidade dos indivíduos para a experimentação. Seu método envolve grupos num ambiente de não julgamento que proporciona aos participantes a oportunidade de aprenderem por si mesmos, liberando-os do comportamento mecânico e artificial que costumam assumir no palco. Em seu livro *Improvisação para o teatro*, publicado em 1963, ela defende que todos podemos improvisar, aprendendo por meio da experimentação.

Cada Jogo tem um foco específico e um problema a ser resolvido pelos participantes. É fundamental que todos os presentes se portem como pares, independentemente da sua capacidade individual, para que possam ir além da necessidade de aprovação (que os distrai da experiência) e direcionem toda a sua energia para o problema proposto. Eis aí uma diferença essencial entre a dinâmica dos Jogos Teatrais e a das empresas, nas quais a competição é acirrada, as pessoas estão sempre tentando superar umas às outras e o colega é visto como ameaça. No trabalho proposto por Viola, tudo se encaminha para criar um senso de grupo e de harmonia, removendo as tensões e desgastes causados pela competitividade.[6]

Quando o foco está apenas no objetivo do Jogo — e não na competição —, é possível gerar espontaneidade, uma explosão interna que liberta as pessoas. É um momento de liberdade pessoal, de ser capaz de observar um contexto e explorá-lo de acordo; um momento de descoberta, experimentação e expressão criativa.

Além de Viola, outro importante expoente dos Jogos Teatrais é o brasileiro Augusto Boal. Quando descobri seu trabalho, fiquei impressionado com a falta de projeção que ele tem em seu próprio país. É muito mais reconhecido no exterior, sendo citado em diversos trabalhos acadêmicos e estudado por especialistas em artes cênicas no mundo inteiro.

Boal tem uma trajetória singular. Foi aluno de engenharia química da Universidade Federal do Rio de Janeiro (UFRJ) e, mais tarde, fez especialização em plásticos e petróleo na Universidade Columbia, em Nova York. Paralelamente, realizou estudos em dramaturgia e foi ouvinte em sessões do Actors Studio, coletivo de teatro pioneiro naquilo que se tornaria a "técnica de atuação americana". Após terminar seus estudos em química, Boal decidiu se dedicar exclusivamente ao teatro.[7] De volta ao Brasil, ingressou no Teatro de Arena, um dos mais importantes grupos teatrais das décadas de 1950 e 1960. Sua entrada se deu por indicação do dramaturgo Nelson Rodrigues, que o havia conhecido nos tempos de UFRJ. O trabalho de Boal nas artes cênicas contribuiu para a renovação e a nacionalização do teatro brasileiro.

Boal tinha uma forte ambição de intervenção social e de promoção de uma sociedade igualitária. Nessa busca, criou o modelo do Teatro do Oprimido, cuja principal característica é transformar o espectador em sujeito atuante. Ele também desenvolveu sua própria estrutura de jogos — ao que tudo indica de forma independente, pois não há confirmação de que tenha tido contato com os trabalhos de Viola. Em *Jogos para atores e não atores*, seu livro mais vendido e traduzido para vinte idiomas,[8] ele apresenta diversos exemplos de fácil utilização.

Seus jogos e exercícios foram organizados com o propósito de promover a desmecanização do corpo e da mente e "rearmonizar" os sentidos. Segundo ele, nosso comportamento se torna mecanizado pela repetição de gestos e expressões, algo necessário no dia a dia para lidarmos com a complexidade da vida. "Cada atividade humana, desde a mais comum e corriqueira, como andar a pé, é uma operação extremamente complicada, que só é possível porque os sentidos são capazes de selecionar", afirma.[9] No entanto, essa adaptação leva à atrofia de sentidos. Na batalha do corpo contra o mundo, começamos a sentir pouco do que tocamos, escutar pouco do que ouvimos e ver pouco do que olhamos. Boal defendia que, para interpretar um personagem, o ator deveria voltar a sentir certas emoções e sensações das quais já se desabituara, amplificando sua capacidade de sentir e se expressar. É evidente que ele falava do ponto de vista do teatro, mas essa mecanização se aplica a todos os seres humanos — e a vejo claramente dentro das empresas.

Boal acreditava que a linguagem teatral é a linguagem humana por excelência. Sobre o palco, atores fazem exatamente aquilo que fazemos na vida cotidiana — falam, andam, exprimem ideias e revelam paixões. A única diferença consiste em que os atores são conscientes de estar usando essa linguagem, tornando-se, com isso, mais aptos a utilizá-la.

Em 2013, a consultora Kat Koppett, especializada em usar o teatro de improviso para treinamentos em empresas, lançou o livro *Training to Imagine* [Treinamento para imaginar], no qual defende que os Jogos Teatrais são aplicáveis em quase todas as situações nas quais as pessoas queiram construir relacionamentos, resolver problemas, se adaptar a novas circunstâncias e criar produtos ou processos. Concordo com ela. Os Jogos Teatrais podem criar ensemble em organizações, desenvolver a criatividade e o trabalho em equipe.

Alguns Jogos são mais divertidos, outros mais cognitivos, mas todos ajudam a criar uma relação de confiança entre as pessoas e a reorganizar corpo e sensações de cada indivíduo. Não há julgamentos e ninguém deve se colocar em posição superior em relação aos demais. Compartilho aqui alguns que considero úteis para pessoas pouco familiarizadas com a linguagem do teatro.

- Corrida em câmera lenta (Augusto Boal)
*Ganha o último a chegar. Uma vez iniciada a corrida, os atores não podem interromper seus movimentos, que deverão ser executados o mais lentamente possível. Cada corredor deverá alongar*

*as pernas ao máximo a cada passo. O pé para passar adiante da outra perna deve passar sempre acima da altura do joelho. É preciso que o ator, ao avançar, estique bem o corpo, porque com esse movimento o pé vai romper o equilíbrio e, a cada centímetro que caminhar, uma nova estrutura muscular vai se organizar, instintivamente, ativando certos músculos adormecidos. Quando o pé bater no chão, deve-se ouvir o barulho. Imediatamente o outro pé se levantará. Esse exercício, que demanda um grande equilíbrio, estimula todos os músculos. Outra regra: os dois pés jamais poderão estar ao mesmo tempo no chão. Desde que o pé direito esteja pousado, o pé esquerdo deve subir, e vice-versa.*

- A máquina de ritmos (Augusto Boal)

*Um ator vai até o centro e imagina que é uma peça de uma engrenagem de uma máquina complexa. Faz um movimento rítmico com o corpo e, ao mesmo tempo, o som que essa peça da máquina deve produzir. Os outros atores prestam atenção, em círculo ao redor da máquina. Um segundo ator se levanta e, com o próprio corpo, acrescenta uma segunda peça à engrenagem dessa máquina, com outro som e outro movimento que sejam complementares e não idênticos. Um terceiro ator faz o mesmo, e um quarto, até que todo o grupo esteja integrado em uma mesma máquina, múltipla, complexa, harmônica. Quando todos estiverem integrados na máquina, o diretor diz ao primeiro ator para acelerar o ritmo e todos devem tentar seguir essa mudança no andamento. Quando a máquina estiver próxima da explosão, o diretor determina que o primeiro ator diminua o ritmo até que todas as pessoas terminem juntas o exercício. Para que tudo corra bem, é preciso que cada ator tente realmente escutar o que está ouvindo.*

- Quem começou o movimento? (Viola Spolin)

*Os participantes formam um grande círculo. Uma pessoa sai da sala e outra é selecionada para iniciar o movimento, que todos no círculo refletem. Os movimentos iniciados podem ser alterados a qualquer momento e todo o grupo deve refletir as mudanças. O jogador de fora, tendo sido chamado de volta para ficar dentro do círculo, tem três chances de dizer quem iniciou o movimento. Todos os outros tentam impedir que o jogador central identifique a origem. Após uma chamada correta (ou três chamadas erradas), a pessoa que iniciou o movimento sai da sala para a próxima rodada de adivinhação.*

- Ouvindo o ambiente (Viola Spolin)
*O foco é perceber os sons que nos rodeiam. Todos devem se sentar em silêncio por um minuto e ouvir os sons do ambiente. Depois comparam os sons que ouviram: pássaros, trânsito, cadeiras rangendo etc.*

- Espelho (Viola Spolin)
*Os jogadores são divididos em duplas. Um jogador se torna A, o outro B. Todas as equipes jogam simultaneamente. A fica de frente para B e A imita todos os movimentos iniciados por B, da cabeça aos pés, incluindo expressões faciais. Depois de um tempo, os papéis se invertem, e B deve imitar A.*
*OBS.: Há dois outros exercícios para variação do Espelho. No primeiro, apenas uma dupla permanece no palco (ou no centro da roda) e os demais participantes assistem à dinâmica. Quem está assistindo deve adivinhar qual dos dois jogadores está fazendo o papel de espelho. No segundo exercício de variação, A e B se alternam no papel de espelho como no exercício original, mas depois de um tempo são convidados a dissolver esses papéis e imitar um ao outro sem que um deles tenha oficialmente iniciado o movimento. O objetivo é criar movimentos fluidos e dissolver as barreiras entre as duplas.*

- Cego
*Os jogadores são divididos em duplas. Um fica vendado e o outro será seu condutor, levando-o a explorar o espaço. Pode levar a pessoa para descer uma escada, pegar suas mãos e pôr sob uma torneira aberta para sentir a água fria, tocar as folhas de uma planta, andar sobre uma superfície áspera. Quem conduz promove uma exploração sensorial e quem está "cego" precisa confiar em seu guia, entregando-se à experiência.*

## ATO II
# A construção de uma ponte

*Minha barca aparelhada*
*solta o pano rumo ao norte;*
*meu desejo é passaporte*
*para a fronteira fechada.*
*Não há ventos que não prestem*
*nem marés que não convenham,*
*nem forças que me molestem,*
*correntes que me detenham.*

António Gedeão

AS AULAS DE TEATRO E A DESCOBERTA DO ENSEMBLE resultaram em uma explosão mental. Fui levado por caminhos que ainda não tinha percorrido e que me obrigaram a fazer novos questionamentos a mim mesmo. Fiquei curioso para saber se eu era a primeira pessoa no mundo a pensar no teatro como uma ferramenta para desenvolver líderes e equipes em organizações. Claro que a resposta era "não".

Com uma simples busca no Google, encontrei dois livros que se tornariam parte fundamental da nova seção da minha biblioteca. O primeiro, escrito pela dinamarquesa Lotte Darsø, *Artful Creation: Learning-Tales of Arts-in-Business* [Criação artística: Histórias de aprendizagem de artes nos negócios]. Professora da Universidade de Aarhus, ela defende a incorporação das artes no ambiente de negócios como uma maneira de destravar o potencial integral das pessoas (corpo, mente, coração e espírito). Para Darsø, os processos artísticos podem facilitar a expansão de consciência por meio de experiências pessoais profundas. Mas apenas uma parte de seu livro é reservada para falar sobre o valor do teatro nas organizações.

O segundo livro, *The Illusion of Leadership* [A ilusão da liderança], do inglês Piers Ibbotson, me deixou atônito logo na introdução.

> Acredito que muitas pessoas de fora do mundo das artes não entendem o processo criativo e os comportamentos necessários para incentivar o trabalho criativo em equipe. [...] Os comportamentos que estão em vigor em muitos dos ambientes de negócios que experimentei são o oposto daqueles necessários para a criatividade em grupo.[1]

Aquilo traduzia com precisão minha breve vivência no teatro. Em um semestre de aula e ensaios, formamos um grupo mais criativo e com mais intimidade do que eu jamais havia tido em vinte anos de carreira corporativa. Eu lia empolgado, grifando trechos em quase todas as páginas. Cada capítulo revelava um novo insight sobre criatividade, formação de grupos e liderança, colocando em palavras algo que eu ainda conseguia sentir apenas de maneira superficial na minha breve experiência teatral. Ibbotson havia sido ator e diretor assistente na companhia de teatro britânica Royal Shakespeare Company antes de criar sua própria consultoria para apresentar às empresas os conceitos e técnicas das artes cênicas.

Ele explicava tudo, porém sob a perspectiva de um diretor de teatro. Conforme avancei na minha pesquisa independente, ficou claro que seu trabalho era um dos mais completos sobre a relação entre os dois universos. Não havia nada tão bem organizado e tão bem explicado. Mas nem ele havia conseguido escapar de dedicar a maior parte das páginas à teoria. Além disso, não descobri nenhum autor que viesse do mesmo lugar que eu — a cadeira de um diretor de empresa.

Enquanto nas horas vagas mergulhava nos livros, durante a semana de trabalho eu observava a dinâmica do escritório na Faria Lima sob uma nova perspectiva. Com a cabeça acelerada pelos pensamentos, comecei a fazer anotações em post-its amarelos e a colar os fragmentos de ideias na minha baia. "Pessoas são ensinadas a dar a resposta certa", "Aqui e agora" e "Mude a sua rotina" eram algumas das frases que foram se acumulando em meu mural improvisado. Elas versavam principalmente sobre práticas rotineiras no teatro, mas que eram ignoradas (ou abominadas) dentro das empresas.

Meus novos hábitos excêntricos não passaram despercebidos pela equipe da CSN. Analistas e gerentes que trabalhavam comigo estranharam inicialmente minha mudança de agenda por conta das aulas. Eu já não podia mais viajar em qualquer dia ou ficar até tarde no escritório nas noites de segunda-feira. Alguns acharam que, com minhas filhas saindo da fase mais dependente, eu estava com muito tempo livre e inventara uma ocupação. Havia até colegas diretores que não resistiam às piadas. "Ah, você não vai para o teatro hoje?", cutucavam para o andar inteiro ouvir. Eu sorria e dizia que sim, inclusive estavam todos convidados, caso quisessem me acompanhar. Conforme eu respondia, a brincadeira perdia a graça, mas nesse primeiro momento meu novo hobby não foi acolhido por parte da empresa. Felizmente, também tive alguns aliados.

### Um antídoto para o mundo VUCA

Quanto mais tempo eu passava no universo do teatro, mais me convencia de que ali poderia estar a chave para uma nova caixa de ferramentas de gestão, tão necessária para o mundo em alta velocidade de mudança.

Na arte, a não linearidade e as incertezas são recebidas com entusiasmo. São motor para a criatividade; um portal para diferentes perspectivas e abordagens. O teatro usa técnicas justamente para criar esse ambiente instável e imprevisível como forma de impulsionar o processo criativo. Nas empresas, por outro lado, a perda de controle gera desconforto e pânico. Pessoas na área de negócios preferem trabalhar com objetivos concretos, planos detalhados e indicadores precisos. É compreensível que assim seja, pois no mundo corporativo previsibilidade é sinônimo de tranquilidade. Líderes são cobrados para terem uma postura decisiva e agir com certeza. A tentativa de tolerar a ambiguidade, marca registrada da mente criativa, já é difícil de praticar em tempos favoráveis — e quase impossível sob a pressão de prazos e avaliações.[2]

Acontece que vivemos tempos de transformação. Gostando ou não, as organizações estão sendo obrigadas a conviver com enormes pontos de interrogação no horizonte. Os ciclos de vida de produtos e serviços são cada dia menores. Entrantes abalam incumbentes de forma imprevisível. Novas soluções varrem do mapa antigos hábitos. Antes classificado como VUCA (acrônimo em inglês para "volátil, incerto, complexo e ambíguo"), o cenário cada vez mais caótico já ganhou um novo apelido: BANI (acrônimo em inglês para "frágil, ansioso, não linear e incompreensível").

A velocidade da mudança exige aprender a navegar nessas circunstâncias. Há uma pressão constante por ajustes nos processos das empresas e na postura da liderança, que sofre para sobreviver no meio dessa tempestade.

Na literatura dedicada ao desenvolvimento da liderança aparecem cada vez mais menções à capacidade de atuar no desconhecido e "liderar na fronteira do caos", "operar em ambientes dinâmicos e complexos, que requerem que eles respondam e interajam com padrões emergentes nas suas organizações" e "articular assuntos urgentes e atuar criativamente e arrojadamente".[3]

A tabela a seguir representa as mudanças que vemos acontecer nas empresas para se ajustarem de forma mais harmônica ao mundo de hoje:[4]

| Antes | Depois |
|---|---|
| Lucro | Propósito |
| Hierarquia | Trabalho em rede |
| Controle | Empoderamento |
| Planejamento centralizado | Experimentação |
| Informação em silos | Transparência |

Diante desse contexto, a criatividade como ferramenta da inovação passou a ser considerada o elixir da sobrevivência. Portanto, não seria o teatro, com sua cultura de trabalho que destina boa parte de seus recursos ao processo criativo e à gestão do imprevisível, uma solução potente para apoiar e acelerar a transformação das empresas? Artistas não têm a expectativa de saber em detalhe qual será o resultado de seu trabalho. Faz parte do ofício da arte o senso de estar numa jornada em direção ao desconhecido, de não saber o que as coisas se tornarão.[5]

## VUCA × BANI

O termo "VUCA" foi apresentado em 1985 pelos economistas e professores universitários norte-americanos Warren Bennis e Burt Nanus no livro *Líderes: Estratégias para assumir a verdadeira liderança*, que descrevia os desafios impostos à gestão e à liderança por vários fatores externos e quais seriam as consequências deles. Desde então a velocidade desse fenômeno só tem aumentado. O termo "BANI" foi criado por Jamais Cascio, antropólogo e futurista norte-americano, e ganhou força durante a pandemia de covid-19.

Comecei a pensar que as artes cênicas teriam o imunizante para sobreviver ao mundo VUCA — ou ao mundo BANI — e para tratar dos desafios gerenciais modernos. Vários aspectos do teatro, incluindo o modelo mental aplicado na criação das obras, podem ser de grande valia para o desenvolvimento da liderança que se busca nesta primeira metade do século XXI — isto é, capaz de enfrentar os momentos incertos, de tolerar a ambiguidade e o erro e de criar um ambiente mais propício à criatividade.

Além disso, à medida que estudava, ficava claro para mim que o teatro tinha a oferecer muitos recursos sistematizados para atingir esse objetivo. A tendência do treinamento da liderança é evoluir da explicação de conceitos para a experiência prática, e as artes cênicas tinham um imenso repertório de vivências.

Por fim, eu sabia que liderança era sobre pessoas. E pessoas são pessoas em qualquer lugar, seja no teatro, seja nas empresas. Se o meu grupo de iniciantes no Macunaíma foi capaz de evoluir tanto em um semestre com aulas semanais, não seria possível fazer o mesmo com o meu grupo da CSN?

### Uma ideia maluca em um contexto fértil

Comecei a ter muita vontade de fazer uma experiência com a minha equipe. Reunir as pessoas, aplicar as técnicas das minhas aulas de teatro e descobrir se conseguiríamos criar um estado de ensemble. Seria um novo tipo de treinamento, portanto uma das primeiras pessoas com quem dividi a minha ideia na época foi Rosana Passos de Padua, então diretora de RH da CSN, com quem eu já tinha uma boa relação. Relembrando nossas conversas iniciais sobre o assunto, Rosana me definiu como alguém que sempre pensou fora da caixa e com a sagacidade de brincar com colegas sem causar constrangimentos. Ela achou minha incursão no teatro meio maluca, mas percebeu pelos nossos bate-papos que eu havia encontrado algo valioso. Além disso, confiava nas minhas ideias e me incentivou a ir em frente. Tornou-se então minha primeira aliada.

A verdade é que, apesar de uma carreira tradicional de executivo, sempre fui um pouco extravagante. Minhas maluquices só não me expeliram do mundo corporativo porque sempre as compensei entregando resultados. Desde criança, tenho um forte apetite para o risco. Gosto de viver sob o efeito da adrenalina. Nossas brincadeiras na rua nas Caldas da Rainha envolviam brigar com ciganos, acender fogueiras, assustar os adultos e fazer parkour em estaleiros de obras. Nunca me esqueço do dia em que quase morri invadindo uma construção. Tínhamos o hábito de entrar nas casas e prédios, mas naquela vez o segurança apareceu e fomos encurralados quando estávamos no segundo andar. Os outros meninos começaram a saltar para o chão. Lembro bem de segui-los e ver, ainda no ar, um a um apagando com a queda. "Vai doer", foi o que deu tempo de pensar antes de eu mesmo aterrissar. Sobrevivemos todos, sem maiores traumas, e seguimos inventando maneiras de tocar o terror no bairro. Durante os *turnarounds* nas empresas, é esse espírito aventureiro que entra em ação. Foi o que também me impulsionou a levar o teatro para a CSN. Era hora de abalar algumas estruturas na Faria Lima.

Havia um contexto fértil. Além do apoio do RH, eu estava com um problema de integração no meu time de Vendas Especiais. Uma pessoa recém-chegada, que assumiria o lugar de uma das funcionárias que estava comigo desde o início do *turnaround*, não estava se integrando como eu gostaria. O principal desafio era fazer com que ela se entendesse com o grupo e em especial com meu gerente, a quem responderia no dia a dia. Decidi então aplicar as técnicas de teatro para tentar criar um ensemble no time.

Antes de concluir a história desse treinamento, faço aqui uma pausa para explicar o primeiro de três conceitos do teatro que considero os mais difíceis para profissionais do mundo corporativo. Difíceis porque são em tudo opostos à lógica vigente na grande maioria das empresas que conheço. No entanto, compreendê-los é fundamental para assimilar como as artes cênicas são capazes de transformar pessoas e equipes. Inspiremo-nos em *Hamlet* para abrir a mente a novas perspectivas: "Há mais coisas, Horácio, em céus e terras,/ Do que sonhou nossa filosofia" (ato I, cena V).[6]

## CONCEITO COMPLEXO PARA EXECUTIVOS Nº 1 — O ENSAIO

Diretores de teatro são muito cuidadosos com as fases preparatórias de uma peça: a criação de vínculo entre o elenco — o ensemble, que expliquei no capítulo anterior — e os ensaios. Investem muito tempo nessas duas etapas antes da estreia para o grande público, pois sabem que são cruciais para promover as condições humanas favoráveis ao processo criativo. Já nas empresas, damos pouquíssima atenção a elas.

O conceito de ensaio, básico no teatro, está ausente do dicionário corporativo. Nos negócios, tendemos a prosseguir para a implementação cedo demais. Lideranças são obcecadas por executar. Existe uma ética subliminar de que trabalhar é produzir, herança da Revolução Industrial. Pensar, contemplar e imaginar geram culpa; são percebidos como procrastinação ou indecisão. Líderes se preocupam mais com a entrega em si do que com sua qualidade ou pertinência a longo prazo. Não raro, essa obsessão gera uma cegueira em relação ao cenário e as empresas implementam de forma muito competente uma solução errada. Foi o caso da IBM, que produzia e aperfeiçoava seus mainframes, mas foi surpreendida pela Apple, que popularizou o computador pessoal na década de 1970.

Durante o processo criativo no teatro, centenas de ideias são testadas antes de serem incorporadas. Mais do que isso: o resultado está em aberto para ser vislumbrado em conjunto. O ensaio é o momento de cocriação; é quando todos expõem seu ponto de vista e compreendem qual será sua parte no todo da obra; é o espaço para atores experimentarem várias abordagens para seu papel, descartando o que não funciona e retendo o que deu certo. O teatro é uma arte coletiva, portanto não necessita obrigatoriamente ter atores brilhantes no espetáculo; é preciso concebê-lo como uma conjunção única e harmoniosa de todos os seus elementos.[7]

Se você não consegue pensar em um paralelo dessa prática com a sua empresa, é porque de fato quase ninguém cria esse espaço dentro das organizações. Em geral, no mundo corporativo, alguém no topo da pirâmide decide que algo precisa ser feito, escreve um plano sobre como atingir esse objetivo e depois o cascateia para a equipe. Porém, as pessoas na ponta, responsáveis por mover o barco rumo à meta definida por seus chefes, não tiveram oportunidade de opinar sobre qual deveria ser esse objetivo, muitas vezes não têm autonomia para definir como atingi-lo e, por consequência, não terão como entender o que esse novo cenário significará para elas. "Assim, navegam em direção à mudança, mas se sentem deprimidas ou infelizes", afirmou Ibbotson durante uma conversa para este livro.

A CONSTRUÇÃO DE UMA PONTE

Ibbotson tem uma anedota shakespeariana para esclarecer a importância dos ensaios.

Imagine que você é um bem-sucedido diretor da Broadway, produzindo *Macbeth*. Porém, você conclui que *Macbeth* não fará tanto sucesso e decide que é melhor produzir uma versão de *Hamlet*, e que a estreia será na semana seguinte. O pessoal de marketing acha ótimo. Os atores também, porque você lhes dá um aumento e papéis prestigiados. Não há muito tempo, então você pede que todos leiam o roteiro e saibam suas falas. O ator que seria Macbeth [um guerreiro que chega ao trono após vários assassinatos] agora é Hamlet [um príncipe hesitante, à beira da loucura, que tenta vingar a morte do pai], e ele sobe ao palco sem convicção. Sabe suas falas, mas interpreta um Hamlet que age como Macbeth. Seria um desastre. Portanto, ao longo do próximo ano, a equipe teria que trabalhar para ajustar o elenco e chegar a uma produção decente.[8]

Tudo isso porque não souberam ensaiar antes da estreia.

Claro que o teatro também não é perfeito. Se executivos têm o hábito de passar muito rapidamente para a execução, artistas estão sujeitos a se prolongar demais na preparação, adiando excessivamente a execução. A virtude está na integração desses mundos.

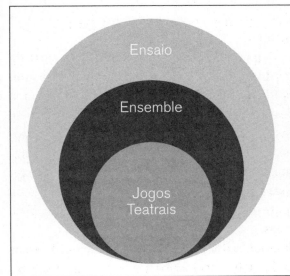

Os três aspectos da criação teatral

Toda criação teatral surge a partir de ensaios. Na maior parte desses ensaios se promove o ensemble — que mencionamos no capítulo anterior. Para chegar ao ensemble, alguns diretores recorrem aos Jogos Teatrais. Porém, chegar ao ensemble não depende apenas de Jogos Teatrais, nem todo ensaio é focado no ensemble. São três ferramentas que estão presentes na rotina das artes cênicas, utilizadas de acordo com a necessidade do grupo.

## O primeiro teste

Eu sabia que para criar o treinamento na csn precisaria de ajuda, pois ainda era um iniciante nas artes cênicas. Entrou em cena então minha segunda importante aliada. Me juntei a Livia Tejas, professora no Teatro Escola Macunaíma. Confesso que havia muitos docentes de quem eu gostava, mas poucos que levaria para dentro de uma empresa. Ela me transmitiu a confiança de que poderia operar bem em outro ambiente. Quando liguei e compartilhei minha ideia, Tejas se surpreendeu com o convite. Ela estava realizando um trabalho no Rio Grande do Sul e eu queria que conduzisse o treinamento na semana seguinte. Organizamos a logística para seu retorno a São Paulo, ela me ajudou a encontrar um espaço adequado, dei o briefing sobre o problema de integração no time e juntos definimos qual seria a programação.

Ao anunciar o treinamento para a equipe de Vendas Especiais, não fui muito efusivo e busquei não criar expectativas, porque seria meu primeiro teste. Eu ainda não sabia se funcionaria. No e-mail de convite, dei poucas informações. Avisei que nos reuniríamos fora do escritório — algo raro nos treinamentos da csn — e compartilhei o endereço. Seguindo a etiqueta das aulas de teatro, pedi que todos fossem com roupas esportivas e meias. Também sugeri que se preparassem para passar o dia sem usar o celular.

Foi um convite estranho para a maioria das pessoas. "Boa parte da equipe era de engenheiros de formação, e eles não entendiam esse interesse pelo teatro", lembra Ellen Braga, à época gestora de contas sênior, uma das participantes desse primeiro treinamento. "Pensamos: lá vem mais uma do Nuno. Mas tínhamos confiança no chefe e decidimos aprender junto", relembrou ela durante uma conversa para este livro. Juliana Castilho, então nossa gestora de contas, estava voltando de férias e só sabia que precisava comparecer a um endereço diferente na sexta-feira. "Quando a gente olhava o mapa na internet, não tinha pista alguma, via apenas uma casa."

Participaram do treinamento dezesseis pessoas — incluindo Tejas e eu. No dia 8 de março de 2019, recebemos a equipe com um farto café da manhã. Quando estavam todos presentes e alimentados, Tejas iniciou as atividades com um aquecimento coletivo. Pediu que todos se deitassem no chão, fechassem os olhos e respirassem profundamente. Aos poucos, sugeriu que pusessem todo o corpo em contato com o solo. Essa prática à primeira vista simples contribui para ganhar consciência de si, perceber-se no novo espaço e desconectar-se das preocupações do mundo externo. Mais tarde, alguns diriam que ficar parado em silêncio foi a parte mais difícil do treinamento — algo compreensível, dado que é raro fazermos isso no nosso dia a dia, menos ainda quando rodeados por colegas de trabalho.

Depois, Tejas conduziu os Jogos Teatrais. Foram exercícios de sensibilização, improviso e confiança — como os apresentados ao final do Ato 1. Nas primeiras interações, todos olhavam para o chão. Aos poucos se soltavam, olhando o ambiente e por fim as pessoas. A cada novo exercício proposto, as expressões de interrogação iam se desfazendo, os constrangimentos se diluíam, as armaduras caíam, a concentração aumentava.

Apesar do estranhamento inicial e da resistência maior de algumas pessoas, no geral o time gostou do treinamento e se divertiu. Terminamos com um clima leve, e, após uma cervejada, todos voltaram para casa. Eu entrei no carro feliz. Levaria algum tempo para eu descobrir se a atividade havia surtido algum efeito, mas a primeira impressão parecia positiva. Tejas achou o grupo fácil de conduzir. "Não eram pessoas muito tímidas ou resistentes. Ainda assim, no final do dia senti o time mais integrado e solto, acredito que houve uma diluição de tensões", lembra.

Alguns meses depois, durante uma conversa com Rosana, do RH, decidimos aproveitar a experiência bem-sucedida em Vendas Especiais para outro treinamento dentro da CSN. Ela queria incentivar as pessoas de nível gerencial a pensar fora da caixa e a enxergar os problemas de maneira diferente. Para isso, precisava de alguma dinâmica menos tradicional. Existia havia muitos anos na CSN uma trilha de preparação de líderes chamada Carreira e Sucessão. Nesse bate-papo, surgiu a ideia de incluir um módulo de teatro nessa trilha. Fiquei muito animado.

Eram cerca de sessenta pessoas, portanto as dividimos em duas turmas. Agendamos os treinamentos para setembro de 2019. Mais uma vez, as pessoas se surpreenderam com a proposta. "Quando disseram que seria algo ligado à arte, achei estranho, chocante até. Mas fiquei curiosa para entender como a arte seria aplicada no ambiente corporativo e num treinamento de sucessores", conta Marília Mazon, especialista em Relações Institucionais. "Pensei: lá vem mais um dia daquelas mesmas coisas que a gente faz, mas que não se aplicam a nada", conta Wilza Figueiredo, então especialista contábil. Juliana Saraiva, então especialista em Suprimentos, conta que foi o primeiro treinamento em dez anos de CSN que saiu totalmente do script corporativo. "Geralmente você senta para ouvir alguém falar, assiste a uma palestra, e no máximo dá sua opinião pontualmente", diz.

Ajudei a dar o briefing para Tejas e ela acertou os detalhes com o time de RH. Pensaram em todos os detalhes do processo de facilitação. O objetivo era exercitar uma liderança mais horizontalizada e menos hierárquica; proativa para encontrar soluções e não apenas operacionalizar as demandas previamente acordadas. No dia, conduzi a abertura e o encerramento. Porém, dessa vez não fiquei na sala. Entendi que precisava dar a esse grupo mais privacidade, pois poucos faziam parte da minha equipe. De novo, as dinâmicas envolveram sentir o corpo, se movimentar pelo espaço e realizar exercícios cênicos.

Depois, soube que foi um sucesso e muita gente adorou, inclusive a cética Wilza. "Aquele dia foi marcante para mim, surpreendente!", ela me relatou mais tarde. Rosana achou maravilhoso. "Percebi que as pessoas ficaram mais relaxadas e mais cientes do seu poder interior, tirando um pouco a sensação opressora que às vezes a empresa gera", relembra.

O feedback formal, que recebemos pela avaliação dos participantes, trouxe um resultado animador: nove em cada dez funcionários disseram que o treinamento havia superado suas expectativas. Entre os comentários registrados, estavam depoimentos como "Foi maravilhoso, especial, perfeito"; "Vivência incrível, aprendizado para toda vida"; "Não tinha uma expectativa muito boa para o treinamento, mas achei muito positivo, adorei!"; "Treinamento permite aprender conceitos como conhecimento, confiança em si e nas outras pessoas, vulnerabilidade e outros de uma forma muito diferente daquela a que estamos acostumados". Uma pessoa chegou até a sugerir que o repetíssemos.

Pensando na aplicação de treinamentos como esse em outras empresas e até mesmo em outras circunstâncias dentro da csn, é claro que eu poderia ter enfrentado mais resistência. Porém, ressalto que isso não é um impedimento para que a dinâmica aconteça. Minha sugestão é receber os participantes que aderirem voluntariamente à ideia e respeitar a decisão de quem prefere ficar de fora. É a mesma lógica do desenvolvimento de pessoas que abordei no Ato i: não force ninguém a se aprimorar ou a adquirir novas habilidades; apenas ofereça caminhos e ferramentas para aqueles que estão genuinamente interessados.

O maior risco para um treinamento como esse não é alguém se recusar a participar; é alguém fazê-lo contrariado, só porque o chefe ou o rh mandou. Essas pessoas tendem a contaminar e até mesmo sabotar o grupo, prejudicando o ensemble e as atividades. Portanto, é melhor que não participem. O que pode ser feito para aumentar a adesão nos dias e semanas que antecedem o treinamento é despertar nas pessoas o desejo ou a curiosidade de participar da experiência, para que se inscrevam proativamente, e ao mesmo tempo deixá-las à vontade para recusar o convite, caso não vejam valor nela. Entre as ferramentas para estimular a participação estão apresentar a pessoa responsável por conduzir o treinamento, contar sobre os benefícios do teatro para quem ainda não os conhece e, caso não seja a primeira vez, trazer o depoimento de quem já foi impactado de maneira positiva. Também é possível propor o treinamento como sugestão de aperfeiçoamento, deixando que o time decida se e quando será interessante organizá-lo.

### A transformação

O resultado desses três treinamentos emergiu ao longo dos meses seguintes e as reflexões seguiram reverberando no comportamento dos participantes cinco anos depois — intervalo entre aquele primeiro teste e a escrita deste livro. Em conversas informais e, mais tarde, durante uma análise formal para o mestrado, fui descobrindo o que cada pessoa incorporou no seu dia a dia.

Considerando os depoimentos comuns, estruturei seis dimensões principais de transformação. Muitas delas estão relacionadas ao propósito inicial do treinamento: autodesenvolvimento e fomento da criatividade.

DIMENSÃO 1 — ENSEMBLE

Logo no primeiro treinamento ficou evidente para mim que o time de Vendas Especiais sentira o mesmo efeito que eu durante as aulas de teatro: o aumento do senso de grupo. Ainda que em menor dose, aquele trabalho de um dia realizado pela professora Tejas contribuiu para um ambiente de conexão, confiança e colaboração. Aquela nova integrante que estava desconectada se entrosou com os colegas e com seu gerente. Quem já estava havia mais tempo construiu uma nova camada de intimidade e parceria. A equipe ganhou uma sobrevida de dois anos, que, arrisco dizer, não seria sustentável sem essa intervenção — depois desse período, a pandemia nos trouxe outros tipos de problemas.

"Estávamos todos, do gerente de cinquenta anos ao analista júnior recém-formado, além do diretor. Ter todas essas pessoas fazendo as mesmas brincadeiras, pagando os mesmos micos, tornou todo mundo igual", relata Ellen ao se lembrar do treinamento. "Nos exercícios de improvisação, todos foram desafiados. Não dava para se esconder em um cantinho. Então a tendência é que você respeite quem está apresentando, mesmo que a pessoa fale alguma coisa errada", comentou Juliana Castilho. "Você tem empatia porque sabe que daqui a pouco é você. Isso vale para a empresa, esse senso de 'Vou respeitar o colega porque qualquer hora serei eu ali.'"

Outro exercício que marcou o grupo foi o da condução de olhos vendados. A reação das pessoas que perdiam a visão temporariamente foi variada. Alguns confiavam no parceiro que os estava conduzindo, enquanto outros não, uma diferença que gerou várias reflexões. "Você precisa se entregar e isso traz uma nova sensação", lembra Ellen. Para Juliana, todas as dinâmicas contribuíram para os colegas aprofundarem suas relações. "A maioria mostrou sua vulnerabilidade e as pessoas ficaram mais abertas", conclui.

No treinamento de Carreira e Sucessão, apesar de reunir colaboradores de áreas diferentes que não formavam um único time, o efeito do ensemble também foi sentido. Afinal, mesmo não trabalhando juntos no dia a dia, vez por outra interagem em projetos ou em reuniões. Waldomiro Custodio, da área jurídica, que pela natureza de seu trabalho sempre navegou transversalmente pela csn, sentiu o benefício imediato de realizar o exercício de confiança com os colegas de outras áreas. Para Marília, a criação de vínculo foi um dos principais impactos do treinamento. "Eu estava na csn havia mais de dez anos e pude interagir com pessoas que eu não conhecia e com quem criei um carinho. Agora conversamos com frequência e, quando temos uma demanda em comum, a interação rende mais", diz.

Na dinâmica de ser guiada por sua dupla, Wilza teve um insight relevante sobre seu desejo de se tornar líder. "Percebi a dificuldade que tenho de confiar nas pessoas. Mas para um líder essa é a primeira qualidade necessária. Foi muito difícil não saber para onde eu estava indo e perder o controle. Passando para o meu dia a dia, tinha a ver com minha resistência de delegar e de entender que resolver de uma forma diferente da minha não significa fazer malfeito."

DIMENSÃO 2 — CORPO

As pessoas do teatro dão os melhores abraços do mundo. Descobri ao entrar no Macunaíma que a maioria de nós se abraça pela metade, perdido em distrações. Em vez de se aproximar e enlaçar a pessoa com os braços, fazendo uma pressão carinhosa com todo o corpo, apenas curvamos nosso tronco em direção ao outro e esfregamos suas costas com as mãos ou damos leves tapinhas. Você já viu uma criança abraçar com tapinha nas costas? Para mim, esse é um sintoma simbólico de como durante a vida perdemos a capacidade de usar o contato físico.

Um dos objetivos dos Jogos Teatrais que foram aplicados nos treinamentos da csn é justamente desconstruir a rigidez corporal. Os artistas sabem que o uso do corpo é fundamental, pois dá contexto à nossa comunicação.

## QUATRO FATORES DO MOVIMENTO

Praticantes das artes cênicas estudam em profundidade como afinar o que verbalizam e o que expressam com o corpo. Durante a criação de qualquer cena, há quatro fatores do movimento:

I) Peso (*leve vs. pesado*);
II) Tempo (*rápido vs. lento, curto vs. longo, súbito vs. contínuo*);
III) Fluxo (*expansão vs. contenção, controlado vs. livre*);
IV) Espaço (*plano alto vs. plano baixo, reto vs. sinuoso, frente vs. trás, foco único vs. flexível*).

As diversas modulações desses quatro parâmetros podem alterar radicalmente a forma como o ator se expressa até criar a atmosfera ideal para o personagem. O feedback de um diretor para um ator durante um ensaio pode ser "faltou peso", pois naquela cena específica não só a fala deveria transmitir gravidade, mas também o corpo deveria demonstrar um pesar, uma densidade.

Como explica Piers Ibbotson, por melhores que sejam o argumento e a construção da narrativa, há sempre uma lacuna física entre nós e nossa audiência. A arte do teatro consiste em diminuir o máximo possível essa lacuna para que as pessoas ouçam com vontade genuína o que temos a dizer. "Não é só o ritmo, a entonação e a força da voz que são importantes, mas também a animação e o engajamento do corpo, o contexto, a luz, a maneira de se vestir. Juntas, essas coisas causam uma resposta emocional muito forte nas pessoas."[9] Por isso, a maior parte do treinamento de atores começa com ganhar consciência sobre detalhes do corpo nos quais quase nunca prestamos atenção — como inspiramos e expiramos, a curvatura da coluna, o grau de tensão ou relaxamento em cada músculo. "Este treinamento físico é exaustivo e rigoroso, mas quando é dominado pode ser libertador. As pessoas conseguem deixar de lado sua fisicalidade habitual e adotar uma que dê apoio para as necessidades do momento", diz Ibbotson.[10]

Quantas vezes precisamos nos explicar ao nosso interlocutor após sermos traídos pelo nosso corpo? "Não foi isso que eu quis dizer", justificamos. As palavras talvez tenham sido claras, mas nosso tom de voz, gestos e postura emitiram uma mensagem diferente. "Às vezes há uma desconexão entre o conceito e a ação física; um corpo consciente se organiza melhor e expressa com mais nitidez aquilo que de fato quer comunicar", diz Karina Almeida, artista da dança e coordenadora do Mestrado Profissional em Artes da Cena na Escola Superior de Artes Célia Helena (ESCH), onde também é professora de estudo e prática corporal. "O corpo fala. Não há como disfarçar. Nós, artistas, que temos um olhar mais treinado, entramos numa sala e apenas observando os corpos percebemos tensões, hesitações, confiança, assertividade ou rigidez."

Como executivo, sei que compreender as mensagens transmitidas por nosso corpo e decifrar as das pessoas ao nosso redor (por exemplo, perceber as variações de emoção e sentimento de uma equipe) é uma importante competência de liderança.

No entanto, raramente pensamos sobre o nosso corpo no ambiente de trabalho ou o treinamos para isso. No espaço corporativo, há uma rigidez na expressão corporal, na forma dos corpos, na maneira como se movimentam. Não à toa um dos momentos mais incômodos do treinamento foi o exercício inicial. Pedir a um grupo de funcionários que se deite no chão é algo extravagante. Depois, pedir às pessoas que permaneçam nessa posição em silêncio é um esforço enorme, e para algumas se torna um sofrimento. Aos poucos, elas se acalmam e desfrutam do momento, mas os primeiros cinco minutos são torturantes ou constrangedores.

Essa participação sensorial promovida pelos Jogos Teatrais é muito intensa e estranha nas culturas praticadas pela maioria das organizações. O mundo corporativo é predominantemente cerebral e científico. Porém, esse foco excessivo no mental nos priva de explorar outros recursos, como fazem os artistas. Desde que entrei para o teatro, sou testemunha de como a compreensão do corpo resulta em enormes benefícios para o desenvolvimento pessoal dos líderes e para a criação de um ambiente criativo nas organizações. Apesar da possível alienação que se possa ter nas empresas em relação às questões somáticas, nosso corpo está lá e comunica mais sobre o que de fato está na nossa alma do que as palavras, que passam por todos os processos de avaliação racional. As artes cênicas apoiam o aprendizado prático de como utilizar a linguagem corporal rumo a uma melhor liderança. Claro que existem cursos e manuais específicos para treinar a comunicação não verbal, mas tendem a ser menos profundos e mais utilitaristas, com regras e ferramentas que nem sempre consideram o contexto. O teatro permite acessar um conhecimento mais amplo e imersivo — quem faz teatro certamente não precisará de um curso de linguagem corporal, mas o contrário não se aplica.

Talvez essa sensação tenha sido menos inusitada para mim por conta da minha experiência com ginástica artística na adolescência. Em Portugal, durante muitos anos fui um ginasta excelente. Chegava a ficar quatro horas por dia treinando. O esporte era uma maneira de canalizar minha energia, diminuindo o tempo que passava aprontando na rua com os vizinhos do bairro. Então, de certa maneira, eu já tinha uma prática que moldara meu corpo e me permitia uma certa liberdade nesse domínio.

Infelizmente, em geral, o estranhamento do uso do corpo no ambiente corporativo pode inviabilizar em parte ou por completo a abordagem do teatro nas empresas. Mas quando conseguimos desenvolver alguns exercícios, seu impacto é evidente e revolucionário. Foi o que aconteceu durante e depois dos treinamentos.

"Especialmente no Carreira e Sucessão, os participantes ficaram muito sensibilizados com a possibilidade de acessar o corpo de outras maneiras", relata a professora Tejas. Ao final do dia, as pessoas falaram sobre sua experiência. Uma disse como tinha sido maluco ficar tantas horas descalça em uma atividade da empresa. Outra contou que nunca tinha se deitado no chão por tanto tempo. "Para mim, são frestinhas que conseguimos abrir, criando espaços de vida que não existem no meio corporativo", diz Tejas. O participante Waldomiro aprovou as dinâmicas sensoriais. "Fiz teatro quando adolescente e agora como adulto foi legal mexer com o corpo de novo, interagindo com todo mundo", conta.

Uma das transformações mais relevantes durante esses breves treinamentos é a qualidade do olhar, um dos elementos essenciais da comunicação não verbal. Olhar no olho é uma competência — como o abraço, muito mais desenvolvida nos artistas do que nos profissionais do mundo corporativo. Tejas aplicou Jogos Teatrais básicos para exercitar a visão: andar pelo espaço olhando no olho de cada um com quem você cruza e depois formar duplas, sustentando o olhar por alguns segundos e tocando na orelha do parceiro. "É uma atividade que faz você enxergar, reparar nas pessoas", diz Camila Oliveira, coordenadora de RH.

"Parece simples, mas é muito incômodo", afirma Sheila França, gerente de importação. "Passamos por várias fases nessa dinâmica. Ficamos desconfortáveis, depois rimos e de repente ficamos em silêncio, mais sérios, concentrados no outro", relembra. Na hora, ela ficou preocupada, pensando em como seria olhar para o colega no escritório no dia seguinte, sabendo que um havia mexido na orelha do outro. Mas passada uma semana, o impacto foi apenas positivo. Em vez de se envergonhar, desenvolveu uma conexão com aquele colega que mal conhecia antes do treinamento. "Passamos muito tempo achando bacana dizer que não existe amizade no trabalho. Mas esse distanciamento tem seus males", diz. O treinamento a fez refletir sobre o quanto tendemos a nos distanciar das pessoas, apesar de a função básica do líder ser trabalhar com gente. "Olhar no olho já era algo importante para mim. Mas deixou de ser um hábito que eu considerava simpatia para ser uma ferramenta de trabalho, que realmente abre portas para as pessoas falarem comigo quando precisam."

Juliana Saraiva, que se considera uma pessoa tímida, teve uma resistência inicial ao exercício. "Mas depois você para e percebe o quanto é importante fazer isso no dia a dia. Me policiei para incluir na minha rotina o que aprendemos ali", conta. "Nossa vida na CSN é tão corrida que, no escritório, você não olha para quem está ao seu lado, não entende a importância desse contato. Continuo sendo tímida, mas hoje cumprimento todas as pessoas com o olhar."

A professora Karina é convicta em relação aos benefícios de trabalhar o corpo para melhorar a performance dos líderes. "Vivemos em uma sociedade que privilegia muito mais as experiências intelectuais do que as corporais, como se pudessem ser separadas", diz. "Mas uma pessoa que conhece a sua expressividade fica mais atenta às suas emoções e sua comunicação. Também percebe com mais facilidade as variações de sentimentos no outro." Ao conhecer o corpo, segundo ela, um líder ganha mais ferramentas para enxergar sutilezas: perceber que numa reunião um participante adotou uma postura de largar o tronco em cima da pelve talvez indique que ele já deixou de prestar atenção no que ocorre a sua volta e está com a mente em outro assunto.

Don Johnson, especialista em psicologia somática e autor de diversos livros, afirma que há uma espécie de "analfabetismo" somático nos líderes das empresas. Escreve ele em *Corpo*, publicado na década de 1980:

> Até pouquíssimo tempo atrás os gerentes eram treinados em análise racional, não nas habilidades perceptivas que lhes possibilitassem perceber as mudanças de humor do empregado, a queixa não ouvida, a tensão não reconhecida. Eles não têm sido particularmente capazes de ajudar as pessoas de suas empresas a trabalhar mais criativamente juntas.[11]

Parece-me que a realidade pouco se alterou desde que Johnson escreveu essas linhas, mais de quarenta anos atrás. As técnicas do teatro são uma maneira de mudar esse padrão.

## DIMENSÃO 3 — AQUI E AGORA

Minha cabeça sempre foi um turbilhão. Tenho facilidade em divagar e me preocupar com o próximo problema, portanto dificuldade em estar no presente. Talvez por isso sempre tenha gostado tanto de esportes. Até descobrir o teatro, meu treino matinal de natação era o único momento em que eu conseguia me desligar da avalanche de pensamentos. Mas foi nas artes cênicas que encontrei as ferramentas que me ensinaram, de forma consistente, a permanecer no aqui e agora. Não sou perfeito, mas sei quando me perco e consigo recuperar o foco no presente.

Os Jogos Teatrais são uma dessas ferramentas, pois exigem atenção focada do participante para ativar o corpo e a intuição para os exercícios. A improvisação é outra, pois um bom ator de improviso é aquele que "parece inteligente simplesmente porque prestou atenção no que foi dito e lembrou disso quando a maior parte do público já esqueceu", nas palavras de Patricia Ryan Madson, professora emérita na Universidade Stanford e fundadora do grupo teatral Stanford Improvisors.[12] Aprofundaremos a arte do improviso no próximo tópico, mas fato é que, no teatro, o aqui e agora é fundamental no ensemble, nos ensaios e no próprio espetáculo, portanto é permanentemente treinado e exigido.

## EXERCÍCIO DE ATENÇÃO

Patricia Ryan Madson sugere em seu livro *Improv Wisdom* [Sabedoria do improviso] um exercício que pode ser feito diariamente para aumentar a atenção ao momento presente.

> Lide com uma coisa de cada vez. Escolha uma atividade comum (separar a roupa suja, almoçar, escovar o cabelo) e preste atenção apenas no que está fazendo enquanto estiver fazendo, por toda a duração da tarefa. Evite fazer várias tarefas ao mesmo tempo. Se estiver comendo, simplesmente coma. Evite ler notícias, ouvir rádio ou conversar. Reflita sobre o sabor da comida, sobre quem a preparou e como ela chegou até você. Se perceber que sua mente se distraiu, volte a pensar no que está fazendo. Isso pode parecer simples, mas é um exercício muito desafiador. Ninguém faz isso com perfeição. Continue voltando sua atenção para a tarefa. Você está flexionando um músculo poderoso. Ele vai ficar mais forte.[13]

Mas o que isso tem a ver com organizações? Bem, pelas leis da física, o tempo é o único recurso igualmente distribuído entre as pessoas e inegociável — apenas em filmes de ficção científica é possível comprar um dia perdido ou emprestar suas horas para serem vividas por outro. Surge então a discussão sobre a qualidade de nosso tempo. Se durante uma reunião você está revisando mensagens no celular, acredito que seu tempo não está sendo utilizado com qualidade. Criamos uma aura em torno do ser humano multitarefa, mas aprendi que essa não é a forma mais eficaz de trabalhar. Quando nos dividimos com regularidade, as reuniões tendem a ser mais dispersas. As mensagens se perdem. As relações interpessoais se enfraquecem. Se você está com alguém fisicamente, mas distante mentalmente, perde a oportunidade de realmente construir uma relação, uma conversa ou discussão de valor. Isso é sem dúvida um dos fatores que mais prejudicam os relacionamentos de um líder. Como escreve Patricia Ryan Madson:

> A vida é atenção, e as coisas nas quais estamos prestando atenção determinam, em grande parte, como vivenciamos o mundo. Em geral, estamos concentrados em nós mesmos — nossos problemas, desejos e medos. Passamos pela vida meio acordados e ruminando, vivendo em nossas cabeças — pensando, planejando, se preocupando, imaginando. Os detalhes de cada dia acontecem diante de nós, a cada precioso momento. O quanto estamos perdendo? Quase tudo.[14]

Estar integralmente no presente melhora a qualidade mental do trabalho, porque não estamos presos a um passado nem projetando um futuro que nos traz angústia. Também aumenta nossa produtividade, pois garante a máxima utilização da nossa concentração, evitando retrabalho. Minha experiência no teatro me ajudou a receber com mais qualidade as pessoas que chegam à minha mesa. "Senta-te, mas espera um pouquinho. Já vou conversar contigo, estou terminando outro assunto", aviso. E quando começo a conversa, meu foco está inteiramente na pessoa à minha frente, com a tela do computador fechada e o celular no bolso.

Felizmente, mesmo durante apenas algumas horas, os treinamentos na CSN reverberaram nos participantes, levando-os a dedicar mais atenção ao aqui e agora. "Não levar o celular para aquele dia [com o time de Vendas Especiais] já foi algo novo, de estar focado no que estávamos fazendo", conta Ellen.

Para Juliana Castilho, a noção de viver no momento presente a impactou para sempre. "Fui para casa pensativa naquele dia. Quando cheguei e meu marido perguntou sobre o treinamento, expliquei que havia sido completamente diferente", conta. "Viver o agora é algo fácil de falar, mas é difícil não pensar nas coisas do passado nem estar com a cabeça no futuro." Desde 2019, ela enfrentou grandes desafios pessoais. Seu pai faleceu e logo em seguida ela perdeu o irmão, que não resistiu à covid-19. Em 2023, iniciou um tratamento contra o câncer. "Esse conceito me ajudou a encarar a vida com mais calma. As pessoas me perguntavam: o que vai acontecer? Eu não sabia, mas consegui gerenciar a expectativa das pessoas e lidar com minha ansiedade. Realmente ficou essa lição do treinamento."

## DIMENSÃO 4 — IMPROVISAÇÃO

A palavra "improvisar" com frequência tem no português uma conotação negativa — basta uma rápida busca no Google para encontrar definições como "organizar às pressas", "desempenhar função para a qual não se está habilitado" e até "mentir". Em ambientes corporativos, onde a antecipação e o planejamento são uma virtude, improvisar é um descaso, quase uma transgressão. Não é dessa forma que pretendo apresentar o conceito aqui. Minha concepção é mais próxima ao mundo do esporte. Se um jogador de futebol, perante uma adversidade de jogo, improvisa e marca um gol, a palavra ganha outro significado. Claro que no início da partida ele tinha uma tática, um plano, um objetivo. Mas aquela jogada criativa o tirou de um problema e o colocou em vantagem.

Ainda que visto com certo preconceito nas organizações, o improviso também é fundamental para os negócios — seja ele para conduzir uma reunião, lidar com a imprevisibilidade do comportamento das pessoas, fazer negociações ou encarar surpresas no planejamento. A realidade sempre traz desvios à rota inicialmente traçada e é preciso saber transformar a adversidade em oportunidade de ganho. A improvisação é uma competência que complementa o esforço de planejamento, permitindo contornar situações imprevistas, inesperadas e não planejadas — três palavras cada vez mais presentes na rotina das organizações.

A improvisação organizacional é um assunto estudado por pesquisadores há pelo menos trinta anos. Michael Ciuchta, professor da Universidade de Massachusetts Lowell, liderou a publicação de uma pesquisa em 2020 revisando 186 artigos acadêmicos dedicados ao assunto. Segundo ele, a improvisação é mais do que realizar ações ou executar ideias instantaneamente. "Em vez disso, ela representa uma fusão deliberada de criação e execução de uma nova produção, com vários graus de pré-planejamento versus criação em tempo real."[15]

Inicialmente, a metáfora mais usada para conceituar a improvisação organizacional era o jazz (gênero musical). Apesar da popularidade dessa associação, há um empecilho: os exemplos tipicamente focam em músicos exímios, mestres do improviso, performando em contextos controlados — condições nada semelhantes às das organizações. Depois, o teatro começou a ser usado como metáfora, com base no argumento de que líderes podem se beneficiar do treinamento em técnicas de improvisação teatral. Essa aproximação das artes cênicas com as organizações contribuiu para que cursos de improvisação se tornassem disciplinas de muitos cursos de MBA. O levantamento do professor Ciuchta mostra menos estudos acadêmicos associando improvisação e teatro em relação a improvisação e jazz, mas considero por experiência própria que as artes cênicas são mais acessíveis que a música para quem deseja aprender a improvisar.

A aplicação da improvisação teatral nas empresas também expande as possibilidades de as pessoas resolverem problemas. "A capacidade de olhar para uma situação e improvisar várias saídas para ela é um exercício no teatro. Você propõe a mesma circunstância, dá um tempo para as pessoas e pede que elas construam uma cena a partir disso. O resultado é maravilhoso porque você sempre pensa [ao ver a cena do outro]: eu nunca teria começado assim", afirma a professora Karina.

No teatro, a improvisação pode se referir a dois conceitos. Há o gênero teatro de improviso, no qual diálogo, ação, enredo e personagem são criados de maneira colaborativa pelos atores, sem um roteiro prévio e muitas vezes partindo de sugestões da plateia. Esse gênero foi popularizado por programas de televisão como *Whose Line Is It Anyway?* e mais recentemente no Brasil com a Cia Barbixas de Humor em seu espetáculo *Improvável*. Mas a improvisação também se refere a um conjunto de exercícios e é uma das bases da formação de atores para desenvolver sua capacidade criativa. Segundo Patricia Ryan Madson:

A improvisação nos convida a relaxar e olhar ao redor. Ela oferece uma alternativa à maneira controladora como muitos de nós tentamos conduzir nossas vidas. Exige que digamos "sim" e sejamos prestativos em vez de argumentativos; oferece-nos a chance de fazer as coisas de forma diferente.[16]

Ela defende que a improvisação não é apenas uma ferramenta para fazer cenas de comédia, mas um conhecimento que pode nos ajudar em tarefas cotidianas, como criar um jantar de última hora, fazer um discurso sincero durante uma festa de aniversário ou conduzir qualquer conversa. Há uma reflexão em seu livro que é fundamental e aplicável à vida de qualquer pessoa:

> Uma vida bem-sucedida envolve tanto planejamento quanto improvisação. [...] Nossa experiência é improvisada a cada momento, embora exista dentro de uma estrutura ou plano. Ou seja, a vida nos traz oportunidades, perguntas e problemas para resolver, e nós respondemos em tempo real, tentando dar sentido a cada desafio ou oferta. O convite para improvisar não é uma prescrição para uma abordagem descuidada da vida.[17]

O ato de improvisar nos convida a relaxar e olhar ao redor, a ceder o controle, a dizer "sim" em vez de adotar uma postura argumentativa. Segundo ela, por milênios os seres humanos sobreviveram apenas improvisando e agindo de acordo com o que havia de disponível no dia, até que a perpetuação da espécie passou a depender mais de planejamento. Guardar para o inverno. Plantar para depois colher. O calendário entrou em definitivo nas nossas vidas. Hoje, vivemos quase estrangulados pelos nossos planos, perdendo o jeito para encarar o dia com novos olhos ou fazer algo fora da nossa zona de conforto. Acontece que a vida deveria ter um equilíbrio entre planejamento e improviso.

A improvisação requer certa dose de espontaneidade. Segundo Piers Ibbotson, encontrar soluções criativas começa por verbalizar pensamentos livremente e acolher ideias, por mais cruas e fragmentadas que estejam. A melhor saída costuma surgir da consideração dessas ideias aparentemente imaturas, aos poucos complementadas e refinadas pelos pares. Para que essa dinâmica aconteça, é preciso haver um clima de descontração, a ausência de uma direção específica, a confiança mútua e uma forte conexão com o aqui e agora — eis novamente a importância do ensemble. Entretanto, no ambiente de trabalho, as conversas tendem a ser de oposição ou competição, o que reduz as ideias na mesa em vez de aumentá-las.

Keith Johnstone, considerado um dos pais do teatro do improviso, também enfatiza a importância das primeiras ideias.

> As pessoas que tentam ser originais sempre chegam às mesmas respostas chatas e antigas. Peça para darem uma ideia original e veja o caos em que as pessoas se metem. Se elas dissessem a primeira coisa que lhes viesse à cabeça, não teríamos um problema. Um artista que está inspirado está sendo óbvio. Ele não está tomando nenhuma decisão, não está comparando uma ideia com outra. Ele está aceitando seus primeiros pensamentos.[18]

Outra base da improvisação é a técnica de dizer "sim, e" — *"yes and"* na expressão original em inglês. Ou seja, na minha resposta ao interlocutor, nunca digo "não" ou "sim, mas". Tenho que aceitar plenamente a proposição da outra pessoa e construir minha próxima fala a partir daí. Dizer "sim" requer entregar o controle da direção da narrativa, aceitar a ideia do outro, ser flexível e vulnerável. Eis um exemplo prático já ocorrido durante uma reunião na CSN, durante a qual uma pessoa quis me provocar sobre a minha incursão no teatro:

"Temos um artista aqui, não?"

"Sim, claro, temos!", respondo (note que, se respondesse "Sim, mas também trabalho muito aqui", a conversa estaria encerrada com um clima pouco amigável).

"E você é especialista em beijo cênico?"

"Sim, sou. Se estiver no roteiro, eu faço. Sou profissional lá, assim como aqui."

Rimos e voltamos ao tema da reunião. O que poderia se tornar um constrangimento acabou como um mero quebra-gelo. Foi no teatro que aprendi a ter esse jogo de cintura de maneira consciente e a improvisar sob pressão, uma habilidade que me ajuda a apresentar assuntos complexos e a aprovar projetos com mais facilidade.

Mas por que é tão difícil praticar esse tipo de diálogo? Acontece que dizer "sim" requer humildade e abertura para acolher o primeiro pensamento do outro. Uma aceitação absoluta da fala do seu interlocutor para construir em cima dela. Segundo Ibbotson, especialmente no mundo competitivo e individualista do trabalho, é raro encontrar um ambiente "em que um primeiro passo preliminar seja recebido com um encorajador 'sim'".[19]

Para Patricia Ryan Madson, o "sim" talvez seja o mais poderoso segredo do improviso. Essa postura previne que criemos bloqueios, tentando controlar uma situação em vez de aceitá-la e deixando que o lado crítico que existe em nós comande o show. Alguns exemplos de bloqueios diários: dizer "não", responder ao outro com uma ideia melhor, mudar de assunto, corrigir o interlocutor ou ignorar a situação.[20] Como exercício, Madson dá uma sugestão que pode ser seguida por qualquer um: apoie o sonho de alguém. Escolha uma pessoa (parceiro, filho, chefe e por aí vai) e durante uma semana concorde com todas as suas ideias. Encontre oportunidades para incentivá-la. Considere as preferências dela antes das suas. Dê o palco à pessoa que você escolheu.

Sendo tão fundamental para a prática do teatro, a improvisação não podia ficar de fora dos treinamentos. E mesmo ocupando apenas uma parte do dia, gerou um impacto de longo prazo nos participantes.

"Levei os exercícios de improvisação para o trabalho, especialmente nas reuniões com os clientes. A gente sempre começa tendo em mente tudo o que quer, mas na hora somos confrontados com mudanças de escopo. Nunca sabemos o que o cliente realmente espera. Então, diante dessa mudança, você tem que reorganizar sua cabeça no improviso e saber o que e como falar", relata Ellen.

Segundo Juliana Saraiva, o exercício de improvisação durante o treinamento foi um dos que ela mais associou com a rotina de trabalho. Uma pessoa começava a história e depois o participante seguinte tinha que continuá-la. A criatividade exigida foi similar à que ela vive no seu dia a dia em Suprimentos. "No trabalho, quando temos uma emergência, mudamos totalmente o script e temos que ser criativos para fazer dar certo, não é? A gente faz isso o dia inteiro", diz. "Por exemplo, com a guerra da Ucrânia em 2023, precisei avaliar meus fornecedores da Rússia. A função da minha área é comprar com o menor custo, mas também dentro da lei, e evitar prejuízo para a companhia."

Para Sandra Gama, especialista em Desenvolvimento de Novos Negócios da csn, as dinâmicas de improviso ajudaram a treinar seu olhar para observar a postura das pessoas ao seu redor. "Hoje consigo perceber muito mais quando elas usam o jogo de cintura e saem de uma situação de enrosco — e a verdade é que as pessoas improvisam o tempo todo!"

Lígia Cortez, atriz, pesquisadora e diretora artístico-pedagógica da esch, que se tornaria a minha orientadora do mestrado, descreve que a improvisação amplia nosso repertório de comportamento. Evita que nos tornemos uma repetição de nós mesmos e permite que nos sintamos bem até em lugares e situações novos.

O improviso é ainda um antídoto para a ansiedade, sobretudo aquela que surge da sensação de não ter recursos para lidar com imprevistos. "Acreditar que você é capaz de improvisar dá segurança, um maior conforto de estar na nossa própria pele, de saber que não preciso me desesperar pois terei uma saída", explica Daniela Carbognin, especialista em desenvolvimento humano e membro da minha banca de mestrado.

A improvisação se fundamenta na experiência, na intuição e no conhecimento específico de quem está na ação. É uma competência, que pode ser treinada e apreendida. Apesar de a criatividade e a espontaneidade estarem muitas vezes relacionadas com o jeito de ser de uma pessoa, o teatro, especialmente os Jogos Teatrais, comprova que a improvisação pode ser ensinada a qualquer um e aperfeiçoada pelo tempo e pela experiência. Não há dúvida de que os melhores improvisadores ensaiaram muito para conseguir contornar com sacadas brilhantes diferentes situações. Voltando à analogia do futebol, os jogadores mais capazes de improvisar são aqueles que treinaram milhares de vezes as jogadas ensaiadas. O mesmo vale para a improvisação nas empresas.

## DIMENSÃO 5 — ESCUTA

Essa dimensão é uma consequência das duas anteriores. A capacidade de estar no aqui e agora e a atenção ao outro desenvolvida pelos exercícios de improvisação resultam em uma habilidade superior de escuta.

Acredito que o melhor exemplo do impacto do teatro na escuta é a minha própria experiência. Ao longo da minha carreira, já haviam me dito centenas de vezes que para ser um bom líder é preciso saber ouvir. Ok, mas como fazer isso? Quem oferece um treino para ouvir melhor? Eu, assim como muitos dos executivos que conheço, nunca fomos ensinados sobre a arte da escuta. Disso resulta uma grande confusão: a maioria das pessoas acha que saber ouvir é ficar calado. Porém, se eu ficar calado apenas pensando no que vou responder, ou me preocupando com a reunião seguinte, ou planejando o meu final de semana, ou me contorcendo irrequieto na cadeira, continuo não ouvindo. Ouvir o outro em silêncio com a mente em rotação acelerada, para em seguida atropelar o interlocutor com os próprios pensamentos, não é exatamente estabelecer um diálogo. Como afirma Stephen Covey, autor do best-seller *Os 7 hábitos das pessoas altamente eficazes*: "Muitas pessoas não ouvem com o objetivo de compreender: elas ouvem com a intenção de responder" — ou seja, não escutam. Escutar atentamente pressupõe ouvir com atenção tanto o que é dito como as entrelinhas, fazer as perguntas certas, reconhecer e espelhar o estado de espírito dos demais — permitir que nossos próprios sentimentos sejam facilmente percebidos pelos outros, explica Charles Duhigg, autor de *O poder do hábito*, no seu livro *Supercomunicadores*.

Como já comentei, minha cabeça sempre foi um turbilhão. Por isso, durante muito tempo, não era um bom ouvinte. Minha atenção dependia do assunto ou da pessoa. Era preciso me interessar muito para que eu focasse de verdade no que o outro tinha a dizer. Hoje, as pessoas me reconhecem como um bom ouvinte, algo que certamente devo ao teatro. O conceito do aqui e agora e a prática do improviso me ensinaram a estar engajado no meu interlocutor e não em mim mesmo. Entendi que a mente está sempre dividida em dois — o "eu em ação" e o "alter ego observador", que julga cada ação. Durante uma conversa, esse alter ego precisa ser acalmado e direcionado ao outro. Sem isso, nos perdemos em nossas próprias divagações, engajados em nós mesmos.

## DIMENSÃO 6 — AUTOCONHECIMENTO

O russo Constantin Stanislavski é uma das figuras mais importantes para entender o teatro moderno. Nascido em 1863, sua abordagem revolucionou o treinamento de atores e ainda hoje é a base para a formação em artes cênicas. Um dos fundadores do Teatro de Arte de Moscou, Stanislavski discordava do melodrama predominante na época e buscava um realismo maior nas performances teatrais. Sua metodologia, posteriormente conhecida como "Sistema Stanislavski", passou a incentivar os atores a explorar motivações psicológicas profundas e a construir uma verdade emocional em suas performances, tornando a atuação não um ato de imitação, mas um processo de descoberta pessoal. "Mergulhem neste processo e vocês entenderão que ele é uma análise interna e externa de si mesmo, de seres humanos nas condições de vida do papel", escreveu.[21]

O encenador e diretor Marco Antonio Rodrigues explica que dentro dessa metodologia os primeiros passos na formação do ator passam pela autopercepção. "O conhecimento de si mesmo implica a ampliação de várias capacidades, mas basicamente, para o que aqui interessa, as capacidades de perceber-se a si mesmo, e de uma percepção pessoal do mundo e das circunstâncias ali presentes", afirma.[22]

Não surpreende, portanto, que treinamentos baseados no teatro exercitem também o autoconhecimento dos participantes, uma qualidade cada vez mais demandada dentro das empresas.

Na teoria da inteligência emocional, de Daniel Goleman, a autoconsciência é um de seus quatro pilares: significa ter a consciência de nossos sentimentos no momento exato em que eles ocorrem, bem como uma atenção não reativa e não julgadora de nossos estados interiores.[23]

Kevin Cashman, líder da área de desenvolvimento executivo da empresa de recrutamento Korn Ferry e coach de CEOS, defende a importância de se conhecer, uma vez que a autopercepção abre os caminhos para a autenticidade, caráter e propósito. "Lideramos através de quem nós somos, então saber quem somos é a chave para elevar as nossas capacidades e performance", diz.[24]

Apesar de muitas pessoas considerarem ter um alto grau de autopercepção, menos de 15% dos líderes de fato o têm, segundo Tasha Eurish, psicóloga organizacional, pesquisadora e consultora de clientes como Google, Salesforce e Nestlé.[25] Tasha indica dois tipos de autopercepção. O primeiro é a "autopercepção interna" e que representa quão claramente conhecemos nossos próprios valores, paixões, aspirações, desejos, forças, fraquezas, emoções, comportamentos, pensamentos e impacto deles nos outros. Já a "autopercepção externa" significa entender como as outras pessoas nos percebem em relação a esses aspectos.

Em suas pesquisas, Tasha conclui que, apesar de parecer intuitivo que os dois tipos deveriam andar juntos, isso não acontece. Ela não considera um melhor do que o outro e defende que ambos são fundamentais para o desenvolvimento dos líderes. Todos devem buscar crescer na percepção de si próprios e ao mesmo tempo, através de feedback, melhor compreender como os outros os enxergam. As pessoas de maior nível de autopercepção trabalham ativamente no equilíbrio dessas duas dimensões. Ela desenvolveu um modelo com quatro quadrantes de diferentes estágios de autopercepção, cada um com as suas oportunidades de desenvolvimento, reproduzido a seguir.

|  | Baixa autoconsciência externa | Alta autoconsciência externa |
|---|---|---|
| **Alta autoconsciência interna** | **INTROSPECTIVOS**<br>Têm clareza sobre que são, mas não desafiam suas próprias opiniões ou procuram pontos cegos, buscando feedback de outras pessoas. Isso pode prejudicar seus relacionamentos e limitar seu sucesso. | **CONSCIENTES**<br>Sabem quem são, o que querem atingir, e procuram e valorizam a opinião dos outros. É aqui que os líderes começam a perceber plenamente os verdadeiros benefícios da autoconsciência. |
| **Baixa autoconsciência interna** | **BUSCADORES**<br>Ainda não sabem quem são, o que representam ou como suas equipes os percebem. Como resultado, podem se sentir presos ou frustrados com seu desempenho e relacionamentos. | **PRESTATIVOS**<br>Podem estar tão focados em causar certa impressão nos outros que poderiam estar negligenciando o que é importante para eles. Com o tempo podem fazer escolhas que não estão a serviço do seu próprio sucesso ou realização. |

Reproduzido com base no modelo de Tasha Eurish.

Acredito que, para se transformar num líder, um gestor deve desenvolver a competência de perceber-se a si mesmo, perceber o mundo e as circunstâncias presentes. Um dos fragmentos mais profundos de *Dom Quixote*, o clássico espanhol escrito por Miguel de Cervantes, aparece quando Sancho Pança é nomeado governador e Dom Quixote, apesar de conhecido por sua autopercepção deturpada, dá um belo conselho a seu escudeiro sobre como deve governar. "[...] põe os olhos em quem és, procurando conhecer-te a ti mesmo, que é o conhecimento mais difícil que se pode imaginar. De conhecer-te resultará o não inchares como a rã, que se quis igualar ao boi".[26]

Eu, que já tinha feito muitos anos de análise com terapeuta, descobri por meio do teatro uma nova forma de me (re)conhecer. E depois dos treinamentos, ficou claro que essa transformação poderia ser sentida pelos participantes mesmo durante um contato por tempo limitado com as artes cênicas. "Identifiquei algumas deficiências e em quais aspectos eu precisava trabalhar, como minha dificuldade de confiar na equipe e de me deixar ser vista", afirmou Wilza. Outra participante, Sheila, indicou que o treinamento a fez refletir sobre sua performance e a ganhar mais confiança nos processos em que estava envolvida. O teatro é, antes de mais nada, uma viagem a você mesmo e através da qual você encontra os outros.

### Elixir para os males do século XXI

As seis dimensões de transformação que testemunhei em mim mesmo e nos participantes dos treinamentos estão em sintonia com os desafios gerenciais do século XXI. Cada vez mais me convenço de que o teatro e seu universo lúdico têm muito a nos ensinar sobre enfrentar um mundo de transformações aceleradas, seja VUCA, seja BANI. Em um contexto no qual as velhas cartilhas e os conhecidos paradigmas já não funcionam para resolver problemas, ser capaz de estar no aqui e agora para alcançar uma percepção profunda dos acontecimentos, saber improvisar para lidar com o não planejado e se conhecer melhor para procurar respostas genuínas são habilidades fundamentais na caixa de ferramentas do líder contemporâneo.

Outro tema em alta, a ansiedade, também pode ter no teatro um caminho para sua cura. Segundo a Organização Mundial da Saúde (OMS) a ansiedade é o transtorno mental mais comum do mundo, tendo afetado 301 milhões de pessoas em 2019 — cerca de 4% da população global.[27] Como outras questões mentais, esse transtorno é resultado de uma complexa interação de fatores sociais, psicológicos e biológicos, e já vem se apresentando como um novo custo para as empresas, com tendência a se transformar em um fator muito relevante. Seja qual for a sua origem, foi comprovado por diversos estudos[28] que uma das maneiras de lidar com a ansiedade é a prática de *mindfulness*, ou atenção plena, que exercita a mente para focar no momento presente. Essa técnica nos torna mais conscientes do fluxo de pensamentos e sentimentos que vivenciamos, identificando padrões e lidando com aqueles que "sequestram" nosso bem-estar.

Como uma pessoa naturalmente ansiosa, o teatro me ajudou a entender que o aqui e agora é a única vida que existe. O passado não pode ser alterado ou revivido, e o futuro sempre será incerto, por mais detalhado que seja nosso planejamento. A capacidade de estar no momento nos permite melhor apreender cada detalhe da nossa vida e aumenta a clareza do que nos afeta. Como descrito na poesia de Bernardo Soares, heterônimo de Fernando Pessoa: "Vivo sempre no presente. O futuro, não o conheço. O passado, já o não tenho. Pesa-me um como a possibilidade de tudo, o outro como a realidade de nada".[29]

Por fim, a vida do gestor tem se aproximado muito da de um artista. Assim como os atores mudam de espetáculo a cada temporada, iniciando um novo papel dentro de um novo elenco, os líderes tendem a trabalhar cada vez mais em formato de projetos. As empresas cada vez mais se organizam em *squads* (equipes multifuncionais com um objetivo comum) e adotam a metodologia ágil de gestão.\* Uma pesquisa realizada nos Estados Unidos revelou que mais da metade dos times entrevistados de tecnologia da informação (TI), desenvolvimento de software, engenharia, produto e pesquisa e desenvolvimento (P&D) utiliza a metodologia ágil.[30] Mesmo em empresas industriais, como uma montadora de automóveis, o que se vê é um amontoado de projetos, produtos em constante mutação e pessoas circulando entre diferentes áreas. Enquanto uma equipe desenvolve o novo modelo de carro, outra está criando ou ajustando a linha de produção que dará forma a esse novo carro, enquanto o time de marketing pesquisa as melhores maneiras de divulgá-lo e vendê-lo. E quando esse carro é lançado no mercado, já há um novo núcleo se formando para projetar o próximo.

Assim, em 2019, após um ano de aulas e a experiência prática na CSN, vendo o aprendizado do teatro como um elixir para muitas crises,

---

\* A metodologia tem sua origem no "Agile Manifesto" [Manifesto ágil], publicado em 2001 nos Estados Unidos por um grupo de dezessete engenheiros de software e gestores de projeto. O propósito dos autores era diminuir os processos burocráticos e aumentar o foco no cliente em processos de desenvolvimento de software. O documento estabeleceu quatro princípios: 1) Indivíduos e interações mais que processos e ferramentas; 2) Software em funcionamento mais que documentação abrangente; 3) Colaboração com o cliente mais que negociação de contratos; 4) Responder a mudanças mais que seguir um plano. As bases do método ágil ganharam tanta popularidade que se expandiram para além dos times de tecnologia.

a metáfora "a vida como teatro" passou a ser um norte na minha ação cotidiana. Compreendi o dramaturgo russo Nicolas Evreinoff, que, em seu livro *The Theater in Life*, afirma que o "teatro, como eu o entendo, é infinitamente mais amplo que o palco. É até mais valioso e necessário para o homem que as maiores bênçãos da civilização moderna".[31]

Naquele final de ano, tomei a decisão de fazer daquele potente encontro entre artes cênicas e mundo corporativo uma ferramenta universal. Meu desejo era introduzir treinamentos e espalhar conhecimento por todos os lados dentro da CSN. Queria que o módulo sobre teatro se tornasse parte definitiva da trilha de Carreira e Sucessão. Apesar de eu ser muito intenso e teimoso quando ponho uma ideia na cabeça, a covid-19 impediu que esse plano saísse do papel. Passados três meses, seguindo o que já acontecia em boa parte do mundo, o Brasil fechou suas portas para evitar o agravamento da pandemia. O trabalho presencial foi suspenso temporariamente, as prioridades da empresa viraram de cabeça para baixo e todos os esforços foram direcionados para manter a CSN e seus colaboradores vivos em meio ao caos.

> **Na prática: Ações simples, mas potentes**
>
> Não sei se você conseguirá organizar formalmente um treinamento baseado em teatro na sua empresa. Como já mencionei, as práticas conflitantes com a cultura empresarial dominante podem gerar certa resistência. Trabalhar com as artes em nível estratégico nas organizações é um tema complexo. Para a professora Lotte Darsø, é preciso que a companhia esteja pronta para enfrentar uma jornada que inclui incertezas, ansiedade, crise e dor antes de chegar a um estágio de renovação e transformação.[32]
>
> No entanto, mesmo que não haja oportunidade para uma dinâmica completa, apresento a seguir alguns ensinamentos extraídos da experiência da CSN reunindo ações simples, mas muito potentes, para transformar a rotina de qualquer pessoa. São pequenos hábitos, microajustes na nossa postura, que podem trazer benefícios de longo prazo se praticados diariamente. Às vezes buscamos soluções complexas, mas pequenas situações cotidianas podem nos levar a resultados extraordinários.

- Olho no olho
Separe uma fração de segundo para olhar cada pessoa com quem você cruza. Não importa quanta gente esteja no ambiente ou se são conhecidos ou desconhecidos. Um breve olhar pode ser marcante, fazendo toda a diferença para que cada um sinta sua presença e crie uma conexão com você. Eu faço isso todos os dias, seja no escritório, seja na fábrica, ou então com a equipe de jardinagem quando saio para espairecer ao ar livre. Teste durante uma semana e perceba os resultados de não olhar só para o infinito ou para a tela do celular enquanto caminha.

- Consciência corporal
Antes de um momento importante, como uma reunião decisiva, ou mesmo num intervalo qualquer durante o dia, tente perceber o seu corpo. Se puder deitar no chão, melhor, mas se não for possível, perceba como está cada membro, em quais lugares há tensão, e respire de maneira consciente. Traga sua atenção para o momento presente e procure observar algo novo ao seu redor — seja isso um objeto, um som ou uma pessoa.

- Diga "sim, e"
Você pode se inspirar no personagem de Jim Carrey no filme *Sim senhor* e passar a aceitar mais convites, ir a lugares que normalmente evitaria, sair da rotina, acolher ideias das pessoas ao seu redor, embarcar no plano de alguém, participar da piada em vez de se emburrar e acabar com o assunto. Dizer "sim" é um treino constante nos exercícios de improviso, mas pode ser realizado todos os dias se prestarmos atenção em como estamos respondendo aos convites que a vida nos traz.

- Escutar (de verdade)
Pratique este hábito durante conversas: procure se concentrar totalmente no que a outra pessoa está dizendo em vez de focar no seu julgamento sobre a atitude dela, o que você vai responder em seguida ou a louça que você precisará lavar quando chegar em casa. Esteja ali, atento, buscando entender o ponto de vista do outro e não convencendo-o com o seu.

### Na prática: Como replicar os treinamentos de teatro

Após realizar os treinamentos na CSN com o time de Vendas Especiais e os participantes do Carreira e Sucessão, tive alguns aprendizados sobre qual a melhor maneira de organizá-los do ponto de vista de local, número de pessoas e composição do grupo — insights que podem ser úteis para reproduzir as dinâmicas em outras empresas.

- Espaço

Idealmente, o treinamento deve acontecer fora da empresa e em um ambiente minimalista, sem excesso de elementos visuais ou sonoros. Uma sala de teatro, por exemplo, é toda preta para que haja o mínimo possível de interferências externas. O primeiro treinamento aconteceu em um espaço holístico voltado para encontros de introspecção. No segundo, enfrentamos algumas questões de orçamento e disponibilidade, e acabamos locando um espaço numa escola de dança. Acontece que lá a sala era cheia de espelhos, o que por si só já é uma interferência. Seja como for, evite salas de reunião dentro do local de trabalho, pois é fundamental criar o clima adequado ao treinamento. Fuja também de ambientes muito movimentados ou ruidosos, como restaurantes.

- Número de participantes

Quantas pessoas agregar em cada treinamento? Descobri que quando há pouca gente (menos de dez participantes) corre-se o risco de as pessoas se fecharem ou imporem uma agenda própria. Uma quantidade maior de participantes contribui para diluir resistências individuais. Mas qual seria o número ideal? Aqui recorro novamente a Piers Ibbotson. Nos últimos anos, após a publicação de seu livro sobre teatro e liderança, ele passou a pesquisar sobre grupos dentro de organizações. Partiu dos estudos de Robin Dunbar, psicólogo e antropólogo britânico que criou a hipótese do "cérebro social". Muito resumidamente, Dunbar estimou que cada indivíduo possui cerca de cinco pessoas em sua camada íntima, quinze amigos próximos, cinquenta amigos casuais e 150 conhecidos.[33] As pesquisas mostram de maneira consistente que ninguém tem mais de 25 pessoas que considera próximas, íntimas e de confiança mútua. Ibbotson viu semelhança entre as descobertas de Dunbar e sua prática no teatro. Quase nenhuma peça tem mais de 25 personagens, e não mais que cinco protagonistas. "Há um limite cognitivo para o quanto podemos compartilhar, compreender e nos importar com a história de outra pessoa", afirmou em conversa para este livro em abril de 2024. O número de Ibbotson também vai ao encontro da minha experiência dos treinamentos. Assim, hoje acredito que um número entre vinte e trinta participantes é o ideal para realizar as dinâmicas.

- Composição do grupo

Quanto mais diverso o grupo, melhor. Dentro de uma empresa, isso significa misturar pessoas de diferentes idades, gêneros, posições hierárquicas, áreas, experiências de vida e trilhas de carreira. A diversidade cria um campo fértil para rotas inesperadas e novas ideias. Uma organização já é cheia de rituais, manuais, procedimentos e formalidades. O objetivo dos treinamentos de teatro é justamente sair da mesmice. Os Jogos Teatrais promovem essa transformação, mas se o grupo for diverso, mais rápido as barreiras e os maneirismos começam a ser quebrados. A disrupção é mais potente quando pessoas diferentes se reúnem.

ATO III
# Pausa para o mergulho

―――――――――――――――

*Nós sabemos o que somos, mas não o que seremos.*

William Shakespeare

EM FEVEREIRO DE 2020, recebi o que seria um dos mais complexos desafios de minha carreira: assumir a Prada Embalagens, subsidiária da csn que tinha até então o pior desempenho financeiro e operacional do grupo. A missão me foi dada por Victoria Steinbruch, filha de Benjamin, que naquele momento ocupava o cargo de assessora da presidência da csn. Lembro-me exatamente do momento. Era a semana anterior ao Carnaval e eu estava em Volta Redonda, levando um de meus gerentes para conhecer a usina. Entre uma reunião e outra, recebi a ligação de Victoria. Ela me disse que a família confiava no meu trabalho e queriam que eu assumisse a Prada, então um grande imbróglio para a companhia.

Criada em 1936 como Companhia Refinadora de Óleos Prada, a empresa mudou sua estratégia na década de 1960 para se concentrar na produção de latas de aço, que permanece como o foco do negócio até hoje. Em 2006, passou a integrar o grupo CSN,* mas os resultados negativos nunca foram revertidos. A empresa perdia dinheiro de forma consistente, e, em 2020, as vendas haviam caído para um quarto em relação aos patamares alcançados em 2015. O fraco desempenho levou a uma queda de 60% de participação no mercado brasileiro de embalagens metálicas. Muitas tentativas de salvar a empresa haviam sido feitas e o posto que eu estava assumindo já havia sido ocupado por outros nove executivos nomeados pela CSN — alguns nem sequer tinham completado um semestre na cadeira.

Quando Victoria me deu a notícia, fiquei muito perdido sobre quais seriam meus próximos passos. O curioso é que no caminho de São Paulo para Volta Redonda, pela rodovia Presidente Dutra, é possível avistar duas fábricas da CSN na altura da cidade de Resende (RJ): a CSN Porto Real e uma unidade da Prada. Aponto para ambas sempre que levo no carro alguém que está fazendo o trajeto pela primeira vez, como era o caso daquele gerente que me acompanhava em 2020. A primeira fábrica, expliquei ao novato, era especializada em aços galvanizados para a indústria automotiva e uma das melhores operações da empresa. Já a segunda, continuei, estava quase fechando, prestes a vender todas as máquinas. No caminho de volta, ao passar novamente por Resende, cutuquei o meu gerente: "Lembras daquela fábrica que comentei que estava em vias de encerrar a operação? A partir de agora sou o responsável por ela". Ele, claro, não entendeu nada. Confesso que eu mesmo estava com dificuldade de assimilar a notícia.

Quando cheguei, o cenário era desolador. A empresa estava praticamente parada por falta de matéria-prima e vinha executando sucessivas desativações de atividades com consequentes demissões, numa tentativa desesperada de reduzir custos. Os clientes estavam profundamente desapontados com a companhia e só não trocaram de fornecedor aque-

---

\* Naquele momento, a Prada era a maior fabricante de embalagens de aço para as indústrias química e alimentícia do Brasil. O acordo de aquisição surgiu após a empresa acumular uma dívida expressiva com a CSN, então sua única fornecedora de folhas metálicas, principal matéria-prima da indústria de latas.

les que não tinham à época alternativas imediatas. O moral da equipe era péssimo, e, como me foi relatado por um dos gestores, as pessoas se consideravam os "patinhos feios" da csn.

Diante desse cenário nada animador, quase todo mundo pensava que meu papel seria fechar a empresa em definitivo. Mas não era bem assim. A presidência do grupo acreditava no potencial da companhia e eu havia sido convocado para promover sua recuperação — ou pelo menos fazer uma última tentativa nessa direção. Apesar de ter todo o apoio dos acionistas para o trabalho, as infindáveis histórias de insucesso me traziam sérias dúvidas sobre a viabilidade do projeto.

No entanto, aprendi na csn que é raro termos uma visão completa sobre um assunto, departamento ou empresa quando não estamos diretamente envolvidos. Na Prada não foi diferente. Eu já havia feito alguns trabalhos com a equipe local e ficado muito mal impressionado com a abordagem. Propunha um modelo colaborativo e eles faziam questão de não cooperar. A ineficiência era tamanha que cheguei a jurar que nunca mais faria projetos ali. No entanto, ao assumir como "dono" do negócio, foi justamente aquela lembrança que me motivou. O fato de a situação estar tão ruim significava que seria difícil piorar. Havia muitas oportunidades de melhoria e um "mato bem alto" para cortar. Ainda não sabia se dava para salvar a empresa, mas achei que seria possível. Decidi seguir a lógica do personagem Henrique vi, de Shakespeare, quando afirma: "Que eu a abrace, dura Adversidade,/ Pois diz o sábio que é o melhor caminho" (*Henrique VI*, parte 3, ato III, cena I).[1]

Como más notícias nunca vêm sozinhas, poucas semanas depois de eu assumir como novo diretor da Prada meu desafio se multiplicou. Era março de 2020 e a gravíssima pandemia da covid-19 havia desembarcado em definitivo no Brasil. No dia 16 daquele mês, a prefeitura de São Paulo colocava em vigor as primeiras medidas de isolamento social, que se estenderiam por muitos e muitos meses.

A pandemia me trouxe um contexto inédito. Eu não poderia visitar os clientes para conhecê-los e construir um relacionamento. Tampouco poderia fazer as viagens de que tanto gostava para conhecer as fábricas da Prada — no total, eram cinco, sendo uma delas localizada no bairro de Santo Amaro, Zona Sul de São Paulo, onde ficaria meu escritório principal. Além disso, tivemos que afastar diversos funcionários que pertenciam ao grupo de risco, diminuindo parte da nossa força-tarefa no primeiro mês.

Àquela altura, eu já estava com os dois pés dentro do novo desafio e sabia que precisaria encontrar uma saída para começar aquele *turnaround*. Assim, uma vez definido quem ficaria e implementadas as medidas de segurança para prevenir a transmissão do vírus na fábrica, minha primeira medida foi instalar um banco no jardim da Prada de Santo Amaro. Passei a receber meu novo time ali mesmo, ao ar livre. Devidamente mascarados, cada um se sentava em uma extremidade do banco para conversar. Trabalhamos assim durante meses. Apesar das circunstâncias, estava feliz de voltar para a indústria, meu habitat natural. Começava, então, essa nova aventura.

Enquanto isso, eu iniciava um novo semestre no Teatro Escola Macunaíma. Por conta da pandemia, as aulas migraram para o formato on-line. Persisti até o fim de junho, mas foi uma experiência ruim. Sem poder frequentar a sala de paredes pretas ou encontrar pessoalmente a turma, sentia que as interações virtuais não me agregavam nada. A diversão evaporou. Frustrado, decidi cancelar minha inscrição para o semestre seguinte, interrompendo o curso na metade. Afinal, meu primeiro objetivo já tinha sido cumprido, inclusive superando minhas expectativas. Eu não fazia questão de obter o certificado técnico nem queria fazer teatro por videoconferência.

Somava-se à minha frustração o fato de ter interrompido meu plano de expandir os treinamentos na CSN. Com a adoção do trabalho remoto e o foco na sobrevivência da empresa em meio àquele cenário caótico e absolutamente incerto, não houve espaço para investir em desenvolvimento de lideranças em 2020, muito menos com dinâmicas inovadoras.

Ao mesmo tempo, era óbvio para mim como as artes cênicas tinham transformado a minha visão de mundo e se tornado uma parte importante do meu desenvolvimento como líder. Não queria abandonar aquela nova trilha de conhecimento. Sentia ter uma solução poderosa ao meu alcance, mas tinha as mãos atadas, impedido de fazer algo com esses insights. Comecei a pensar em alternativas. Não adiantava alimentar meu desgosto com a suspensão dos treinamentos na CSN —

eles voltariam no momento adequado. O jeito era tentar aplicar parte de meu aprendizado na minha rotina de diretor, restringindo o foco à minha própria equipe. Eu também sabia que as atividades presenciais ainda levariam um tempo para se restabelecer, então não fazia sentido procurar outra escola de teatro. Ou pelo menos não uma com o apelo mais prático e lúdico.

Foi então que descobri a Escola Superior de Artes Célia Helena (ESCH), braço de um dos mais tradicionais centros de formação de atores do país. Por lá, se formaram mais de 4 mil alunos, considerando o curso técnico, existente desde 1991, bacharelado, licenciatura e mestrado. Interessei-me pelo Mestrado Profissional em Artes da Cena. O público-alvo, segundo a descrição da ESCH, eram graduados em quaisquer áreas de conhecimento, com atuação profissional nas artes da cena ou em áreas correlatas. Poderia a minha recente experiência de levar o teatro para a CSN ser considerada "área correlata"?

Em meados de junho daquele ano, decidi entrar em contato com a equipe do Célia Helena e testar a minha ideia. Lembro-me de que era início da tarde e estava caminhando no jardim da Prada quando recebi a ligação da professora Liana Ferraz. Por telefone, expliquei que talvez a minha proposta não tivesse nada a ver com o foco deles, mas contei a história. Disse que era engenheiro, com uma carreira corporativa. Que havia começado o teatro como hobby, mas lido alguns livros e criado treinamentos na empresa usando as artes cênicas como norte. Ela não me dispensou de imediato, o que já considerei um ótimo sinal. Explicou-me que para concorrer a uma vaga no mestrado eu precisaria escrever um projeto de pesquisa e enviar dentro de um certo prazo, se quisesse começar naquele ano.

Em duas semanas, redigi um documento de quinze páginas, no qual apresentei minhas ideias e minha trajetória, além de propor um cronograma para a execução da pesquisa. Comecei o texto falando sobre a mudança do mundo em velocidade exponencial e como as transformações geravam incerteza, desajuste e ansiedade, afetando as organizações e suas lideranças. Expliquei que as pessoas estavam sofrendo para se adaptar a uma nova ordem e, ainda por cima, estavam pressionadas para ser cada vez mais criativas. Então, discorri sobre o que havia descoberto sobre as artes. "No teatro em especial, não esqueceram que as pessoas continuam sendo pessoas. [...] As técnicas dessa arte", escrevi, "seus métodos e sistemas têm um valor inestimável para a criação de um ambiente de liderança virtuoso, compreendendo a natureza e as motivações das pessoas." Por fim, expliquei que meu plano para a pesquisa era identificar quais técnicas da arte teatral seriam de maior utilidade para apoiar pessoas e organizações a enfrentarem os desafios da liderança e inovação, assim como modelos para sua divulgação e aplicação.

Para mim, entrar no mestrado seria o fechamento de um ciclo. Dois anos antes eu havia descoberto o teatro ao me abrir para novos interesses. A experiência fora tão transformadora que agora me parecia fazer muito sentido me aprofundar justamente nos estudos desse campo. Confesso que não pensei em como faria para conciliar a Prada e o mestrado. Na verdade, nem achei que ia dar certo. Mas segui o rito acadêmico, tive meu projeto submetido a uma banca e, para minha surpresa, foi aceito. Em agosto de 2020, eu me tornava oficialmente um aluno da ESCH.

## TEATRO É COISA SÉRIA

Habita no imaginário coletivo a ideia de que artistas são dotados de talento nato e que a arte é um universo de desorganização e caos. Mas a realidade é que o trabalho no teatro envolve muita disciplina, método e concentração. "Atores e atrizes precisam exercitar a parte racional, corporal e emocional, sincronizando diversos ritmos internos. Fora a observação e conhecimento do mundo — não há artista sem cultura. É um trabalho ininterrupto", define Lígia Cortez, minha orientadora do mestrado.

O Célia Helena Centro de Artes e Educação, do qual faz parte a ESCH e onde fiz meu mestrado, surge desse princípio. Criado há mais de 45 anos, tornou-se referência no Brasil ao formar dramaturgos, diretores e atores. O nome é uma homenagem a sua fundadora, atriz e diretora brasileira, que iniciou a escola com cursos de orientação teatral. A proposta era formar jovens críticos, permitindo que exercitassem sua criatividade, sociabilidade e autonomia. Depois foram somados ao portfólio o curso técnico profissionalizante, a graduação em teatro, pós-graduações e o mestrado profissional, sempre conjugando a formação profissional com a reflexão sobre o fazer artístico. Desde 1983, o Célia Helena também oferece atividades para crianças e adolescentes por meio da Casa do Teatro. Segundo Lígia, a maioria dos jovens que passaram por ali não seguiu carreira artística, mas adquiriu ferramentas para lidar com seus futuros desafios pessoais e profissionais, desenvolvendo o senso crítico e a capacidade de se colocar no mundo. "A arte educa profundamente, porque o faz de uma maneira muito atual e humana, sem ser algo em papel ou dentro da escola", diz Lígia. "É um preparo para o viver, porque no teatro o jovem vive um microcosmo de narrativas e relações com o qual aprenderá para a vida toda. As cenas trabalham o que não conseguimos colocar em palavras; as histórias ajudam a dar contorno a fantasias e medos."

Portanto, assim como a formação de teatro foi útil para mim, um amador que levou suas lições para o mundo corporativo, ela é valiosa também para a formação de artistas profissionais e para jovens, que se tornam mais críticos e capazes de lidar com seus dilemas e emoções.

### Mestrando em cena

Se as aulas semanais de teatro causavam estranhamento entre meus pares corporativos, a minha inscrição no mestrado beirava a sandice. Eu estava liderando um dos *turnarounds* mais difíceis da minha carreira, no meio de uma pandemia, e ainda precisaria encontrar tempo para me dedicar às aulas e à pesquisa.

Logo na primeira semana do mestrado ficou claro que esse tempo não seria pouco. Meus colegas de turma eram pessoas muito diferentes daquelas que eu tinha conhecido no curso prático. A maioria havia feito uma graduação na área das artes e trabalhava nesse mercado. Ou seja, trazia na bagagem muito mais referências teóricas e práticas. Eu estava claramente defasado.

Por sorte, eu tinha duas aliadas para compensar essa desvantagem. A primeira era minha personalidade nerd, forjada nos tempos de Instituto Superior Técnico. Na universidade, depois de quase três anos me dedicando muito mais à Associação dos Estudantes do que às aulas de engenharia, eu passei dois anos estudando ao cronômetro — sete dias por semana, 52 semanas no ano, havia me empenhado em terminar o curso, desafogando as disciplinas acumuladas. Na minha época, fazer cinco matérias por semestre era dificílimo e cheguei a acumular oito. Eu nem sequer fazia uma pausa para um descanso no Natal e no Ano-Novo, pois as provas começavam na primeira semana de janeiro. Foi praticamente uma carnificina intelectual até a formatura, mas me tornei especialista em tirar o atraso, habilidade que se mostrou bastante útil no mestrado, 25 anos depois.

A segunda aliada foi a minha orientadora, Lígia Cortez. Tive sorte. Quando fui aprovado no mestrado, ela se voluntariou para acompanhar minha pesquisa. Não poderia pensar em alguém melhor para me guiar nessa jornada. Fundadora da ESCH, atriz e diretora teatral, ela é uma pesquisadora com altíssimo nível de exigência, que me estimulou a mergulhar fundo na teoria teatral. Além disso, é uma profissional que, apesar de pertencer ao mundo das artes, passa atualmente a maior parte do seu tempo administrando a escola. Lida com matrículas, receita, faturamento, pedidos de demissão, contratações, interações com o sindicato. Ou seja, consegue ter empatia com meu dia a dia empresarial e entender alguns de meus dilemas na CSN. Sua orientação foi fundamental para me manter vivo durante os dois anos do curso e me desafiar constantemente.

Lígia sempre vislumbrou o teatro como algo potente para o desenvolvimento individual em todas as fases da vida. Tanto que o Célia Helena há muitos anos oferece o curso "Vivenciando o Teatro", que tem entre seus objetivos capacitar participantes adultos para liderança, exposição de ideias, argumentação e melhoria de desempenho profissional. Empresas procuram a escola com a intenção de ajudar seus funcionários a se posicionar perante colegas, chefes e clientes ou estimular sua criatividade, rompendo o ciclo de repetição de comportamentos.

Soube depois de já ter me graduado que, ao ler meu projeto de pesquisa, Lígia pensou que seria difícil para outros professores pesquisadores de arte entenderem o ponto de vista do diretor de uma siderúrgica. Além disso, de gestão ela também entendia alguma coisa, e assumiu que poderíamos ter uma troca frutífera. "Fiquei interessada e curiosa. Seria mais comum o Nuno nos procurar para fazer um trabalho dentro da

CSN, não um mestrado, mas ele tinha acabado de vir de uma experiência pessoal de teatro", afirmou.

O Mestrado Profissional em Artes da Cena do Célia Helena, pioneiro no Brasil, tem justamente a proposta de construir relações entre o campo de atuação e seus respectivos referenciais prático-teóricos. É uma trajetória de pesquisa para quem deseja investigar e sistematizar o próprio percurso profissional em vínculo com as artes da cena, aprofundando a dimensão crítica e conceitual de sua formação. Os professores também incentivam que o trabalho de conclusão seja em um formato que ajude a disseminar o conhecimento para outros interessados no assunto.

Karina Almeida, que foi minha professora e membro da banca de defesa do mestrado, nota que explorar como o teatro pode colaborar com processos organizacionais é um campo em crescimento na academia. Apesar disso, por ser uma escola com tradição em artes da cena, é muito mais comum o mestrado do Célia Helena receber artistas, docentes e pesquisadores do que alguém da área da administração. "O Nuno lançava esse olhar de que na liderança se deveria falar sobre isso, então por que não se fala? Ou como fazer isso?", lembra Karina. Nas minhas primeiras aulas, indagava sobre conceitos fundamentais do teatro, como expressividade, autoconhecimento e processos colaborativos, intrigado com a ausência deles no ambiente corporativo.

Movido por esses dilemas, mergulhei em uma pilha de livros e artigos. Aproveitei o primeiro ano do mestrado, que é uma fase mais acadêmica, para aumentar meu nível de conhecimento teórico. Consultei os grandes diretores de teatro, explorei autores da psicologia social, descobri especialistas em improvisação, busquei pesquisas sobre a arte nas organizações, conheci críticos literários e li muitas, mas muitas peças teatrais. Lígia me apresentava um autor, sugerindo seu livro de referência, e eu comprava a bibliografia completa.

Foi uma jornada árdua, que me exigiu disciplina, pois era muito difícil adentrar em alguns textos. Confesso que estou até agora tentando entender do que tratavam alguns autores que faziam parte do currículo oficial — falta de entendimento que sem dúvida nada tem a ver com o trabalho dos renomados autores. Em minha lógica de engenheiro também me custou compreender a gramática stanislavskiana, mas afinal consegui me aprofundar no trabalho do russo. Totalmente diferente foi o meu contato com as peças de William Shakespeare, com as quais me identifiquei logo na primeira leitura. Notando meu interesse, Lígia me recomendou que lesse *Shakespeare: A invenção do humano*, best-seller do crítico literário norte-americano Harold Bloom, um dos maiores especialistas mundiais em Shakespeare, que traz uma análise de todas as obras do dramaturgo. Apesar de ter quase oitocentas páginas, rapidamente se tornou meu livro de cabeceira. Assim, fui aos poucos descobrindo as minhas próprias preferências dentro da teoria teatral.

O fato de eu cursar o mestrado em plena pandemia também ajudou a me aprofundar na base teórica em diversas perspectivas. Apesar da intensidade do *turnaround* na Prada, minhas atividades esportivas e sociais estavam bastante limitadas. Com as aulas em formato on-line, também não precisava passar horas no trânsito me deslocando até o Célia Helena. Tive o tempo necessário para todas as leituras indicadas. O resultado foi que, um ano depois, eu tinha feito praticamente uma licenciatura em teatro, pelo menos no que tange a seus aspectos teóricos.

### Um novo mundo

O mergulho teórico me descortinou um universo de literatura completamente diferente daquele em que eu navegava até então. Percebi que minhas primeiras leituras, dos livros de Piers Ibbotson e Lotte Darsø, revelavam apenas uma fresta da teoria teatral. Durante as aulas e as conversas com Lígia, foram-me apresentados diversos autores que me eram desconhecidos. Mesmo as obras mais longínquas da minha pesquisa, focadas nos detalhes da história e conceitos das artes cênicas, contribuíram para a ampliação de minha formação e reflexão sobre o diálogo entre as artes e o mundo corporativo.

Tomei contato com o trabalho de diretores de teatro que transformaram a cena contemporânea, como o brasileiro Augusto Boal e a norte-americana Viola Spolin, ambos fundamentais para meu entendimento sobre ensemble e Jogos Teatrais. Conheci o russo Nicolas Evreinoff, que defendeu a teatralidade natural dos seres humanos, bem como o francês Antonin Artaud, criador do teatro da crueldade, cujas obras contribuíram para revolucionar as artes cênicas no século xx. Fiquei convencido da relevância da improvisação teatral para minha pesquisa ao ler a obra do britânico Keith Johnstone. Estudei o teatro também na perspectiva de fenômeno social, desde a Grécia Antiga até os tempos atuais, passando por movimentos em que as artes cênicas foram uma alavanca de reflexão política, como o teatro épico, ou momentos de grande relevância popular, como a commedia dell'arte (vertente do teatro renascentista de caráter popular, itinerante e de improviso). Conheci mais a fundo a teoria do sistema de Stanislavski, base do teatro moderno e que pautava a pedagogia do Macunaíma, minha escola anterior.

Ao mesmo tempo, meu objetivo não era apenas apresentar o teatro para executivos, mas sim construir uma ponte entre esse universo e as empresas. Essa conexão era escassa na literatura existente e só a encontrei em autores cuja formação original era no teatro — e não no mundo dos negócios, como era o meu caso. Assim, para unir arte e gestão sob essa nova perspectiva, incluí em minha bibliografia diversos autores da área de negócios e liderança. Entre eles, a cubana Herminia Ibarra, professora de comportamento organizacional da London Business School e referência na discussão sobre autenticidade. Ibarra acredita que somos indivíduos em permanente construção, podendo testar novos personagens mais aderentes a quem queremos ser no futuro. Também conheci o trabalho de Robert Kegan e Lisa Lahey, fundadores da empresa de consultoria norte-americana Minds at Work, que falam sobre a imunidade à mudança e o aprendizado de adultos; e de Simon Sinek, renomado autor e palestrante britânico, que ressalta em sua pesquisa a importância de desenvolver a habilidade de contar histórias e o senso de propósito.[2]

## O VALOR DA TEORIA

Entre o início da faculdade e minha entrada na csn, li dezenas de livros sobre gestão e liderança. Aprendi muito por meio dessa prática, mas depois de alguns anos diminuí o ritmo. Com a sensação de que minha ferramenta estava avariada, sentia que novas leituras não me ajudavam a sair do lugar para dar o próximo passo.

Felizmente, renovado pelo frescor das aulas de teatro e me interessando pelo diálogo entre prática e teoria, voltei aos livros. Com o mestrado, mergulhei em uma pilha de referências teóricas e novos autores de diversas áreas do conhecimento, conectando o que estava explicado em palavras com o que eu implementava na minha rotina. Então, resgatei meu prazer pela leitura.

Acredito na importância de combinar ação e reflexão. Conhecer a experiência de outros gestores em outras companhias nos ajuda a enxergar problemas similares através de novas perspectivas; saber o que pesquisadores estão descobrindo sobre o comportamento de grupos e indivíduos nos permite conduzir melhor desafios de gestão. Minha esposa, que atua como coach de executivos, acredita que a teoria sobre negócios prova que liderança não é uma habilidade pessoal, intangível e aleatória, mas sim uma competência a ser desenvolvida.

Ciente da relevância da literatura e estimulado pela reconexão promovida pelo mestrado, atualmente promovo a leitura na Prada — criamos inclusive uma biblioteca de livros de gestão. Durante minhas entrevistas com candidatos, também sempre pergunto o que estão lendo, entendendo seus interesses e como se relacionam com esse hábito.

---

Fiz ainda um passeio por temas mais holísticos, à primeira vista nada relacionados ao teatro, mas que ajudaram a explicar alguns comportamentos humanos que eu queria explorar. Conheci a obra de Baruch Espinosa, filósofo racionalista holandês de quem me tornei grande fã, além do também filósofo norte-americano Kenneth Burke, do sociólogo canadense Erving Goffman, do antropólogo britânico Victor Turner e do neurocientista português António Damásio.

Por fim, mas não menos importante, o mestrado foi uma oportunidade fantástica de mergulhar em peças teatrais. Tornei-me um ávido consumidor desse estilo literário e descobri um grande prazer em ler histórias contadas na estrutura de peças. O curioso é que não passei a frequentar mais espetáculos. Na verdade, ao conhecer e me aprofundar nos textos originais dos dramaturgos, fiquei ainda mais exigente como espectador e seletivo com as adaptações.

Foi com enorme prazer que desvendei as peças teatrais clássicas de dramaturgos como o norueguês Henrik Ibsen — do qual já conhecia *Um inimigo do povo* —,* o alemão Bertolt Brecht, o irlandês Samuel Beckett e o sueco August Strindberg.

Penso que todas elas apresentam alegorias sobre a jornada humana e arquétipos de comportamentos que nos fazem refletir sobre nossas escolhas e atitudes. Tal como qualquer literatura de ficção, aguçam o espírito crítico, colocam questões em perspectiva e nos mostram novos pontos de vista. Porém, diferentemente da prosa e do romance, nas peças é suposto que uma pessoa de "carne e osso" entrará nos "sapatos" de cada personagem. Essa imagem mais tangível, quase física, torna mais fácil sentir na própria pele a vivência dos sujeitos da história.

Enfim, esse grande caldeirão de referências aos poucos transformou minha visão sobre a relação entre teatro e organizações. Conforme entendia mais sobre a dinâmica da criação de uma peça, o trabalho de um diretor e o processo de formação de artistas, abandonei a metáfora da vida como teatro. Cheguei à conclusão, como disse o filósofo Kenneth Burke, de que tudo era a mesma coisa: "A vida é teatro".[3] Entendi que dirigir uma peça ou dirigir uma empresa era na essência o mesmo trabalho. Que todos nós, quando acordamos de manhã, escolhemos nosso figurino, definimos qual papel vamos assumir, ensaiamos, improvisamos, apresentamos. Enxergava no teatro as saídas para meus dilemas sobre como liderar e gerenciar pessoas — a tarefa principal de um executivo. E enxergava no meu dia a dia na CSN as ações se desenrolando como cenas de uma peça. Já não era mais capaz de dissociar os dois universos.

---

\* Escrita por Henrik Ibsen em 1882, foi apresentada pela primeira vez no Teatro Nacional de Oslo em janeiro de 1883. Conta a história do dr. Stockmann, morador de uma cidade balneária no interior da Noruega. Ao denunciar a poluição da água local como causa de doenças que acometem turistas e cidadãos, ele põe em xeque o lucro com o turismo e passa a ser persona non grata na comunidade. Mesmo apoiado por poucas pessoas, sua convicção como homem de ciência o faz manter sua posição de revelar os problemas.

## Shakespeare e os executivos

No meio da minha nova biblioteca formada em razão do mestrado, surgiu uma nova paixão: William Shakespeare. Tido como um dos maiores escritores da língua inglesa e um dos dramaturgos mais influentes do mundo, seu nome e sua obra não me eram desconhecidos. No entanto, durante os primeiros cinquenta anos da minha vida, eu não havia chegado tão perto de suas peças. Essa aproximação foi um dos maiores legados que o mestrado me deixou.

Deslumbrei-me com a leitura de inúmeras peças do Bardo, como é frequentemente apelidado — em referência aos antigos poetas, cantores, trovadores e contadores de histórias da Europa —, e a forma como ele apresenta a vida. Começando pelo interessante fato de que ele, já antes de Kenneth Burke, também acreditava que a vida é teatro. Eis um de seus mais emblemáticos versos:

*O mundo inteiro é um palco,*
*E todos os homens e mulheres, apenas atores.*
*Eles saem de cena e entram em cena,*
*E cada homem a seu tempo representa muitos papéis.*
(*Como gostais*, Ato II, cena VII)[4]

Suas personagens e histórias são uma "caixa de ferramentas" de utilidade incalculável para a vida real, que ajudam a decifrar situações do presente. Para interpretá-lo, contei com a ajuda do crítico literário Harold Bloom, cuja obra me ajudou a intensificar a compreensão e a salientar a percepção de algum aspecto dos textos que na primeira leitura me haviam ficado ocultos.

Ainda que *Romeu e Julieta* seja sua peça mais conhecida, Shakespeare escreveu muito mais peças com histórias e lições de liderança do que de aspecto mais romântico. Além disso, como explica Paul Corrigan no livro *Shakespeare na administração de negócios*, suas histórias sobre liderança focam especialmente em processos de mudança e de gestão. Têm fortes elementos políticos, de poder e de autoridade. Talvez isso tenha relação com o tempo em que ele viveu. Assim como hoje, o século XVI era um momento turbulento. Até então, poucas pessoas detinham o poder e suas personalidades importavam para entender aspectos da liderança e autoridade daquele mundo. Mas a ideia do poder herdado, como direito de nascença, exercido simplesmente por meio da autoridade, aos poucos era posta em questão.

> Todas as peças de Shakespeare retratam a relação entre mudança histórica e personalidade. Suas personagens tentam se adaptar com ideias velhas, formas novas e tarefas diferentes. A maioria das suas personagens hesita e passa por dificuldades. Algumas são fanáticas pelo novo e algumas tentam se apegar ao passado. Todas tentam entender a defasagem entre si mesmas e os tempos[,]⁵

explica Corrigan. Invariavelmente, aqueles que resistem à mudança terminam a vida de forma trágica.

> Em toda peça, Shakespeare elaborou a personalidade de seus líderes — que eram duques, lordes, rainhas, reis; ou quem controlava um clã, condado, uma nação — para demonstrar como eles prosperavam ou como exerciam sua influência, não de forma abstrata, através de instituições, mas como indivíduos.⁶

Com essa leitura contemporânea, descobri em Shakespeare um arsenal de reflexões e arquétipos aplicáveis ao mundo das organizações. Hoje, o Bardo não sai da minha cabeceira, seja em forma de suas obras autorais, seja com livros que revelam as diversas camadas de interpretação possível — de "Shakespeare na política" a "Shakespeare na administração", análises com as quais sempre me divirto e que me revelam novas facetas dos personagens icônicos.

Durante essas leituras, fui aos poucos selecionando minhas figuras favoritas e aprendendo a utilizar suas lições ou seus fracassos de liderança para ampliar meu repertório. Isso não significa que finjo ser algo que não sou ou que faço uma imitação caricata desses personagens. Simplesmente me inspiro neles para trazer à tona traços da minha personalidade que tendo a demonstrar com menos frequência, mas que podem ser úteis dependendo do contexto — entrarei com mais profundidade na discussão sobre autenticidade no Ato v deste livro. Fato é que hoje sei exatamente em quais momentos "encarnar" o rei Henrique v, fazendo um discurso agregador para motivar o time rumo a uma batalha difícil. Ou em quais situações "ser" Ricardo III, quando em contextos competitivos nada mais resta do que usar o que temos para resolver impasses. Por vezes antecipo a ação e motivação de meus interlocutores por seus paralelos com os personagens do Bardo. Vario minha ação trocando o personagem de acordo com as circunstâncias sem me descontrolar emocionalmente, apenas usando os traços de comportamento que aprendi com cada um deles para atingir os objetivos desejados.

Vale dizer: os personagens de Shakespeare são cheios de nuances. Não há protagonistas essencialmente bons ou maus. São figuras humanas, com comportamentos que podem levá-los rumo à glória ou à tragédia, e que nos lembram que o poder é sempre ambíguo. Não me proponho aqui a analisar as contradições de cada personagem, mas é digno de nota que os grandes líderes criados pelo Bardo não são privados de fraquezas, vícios ou medos. Reúno a seguir algumas das figuras shakespearianas que mais me inspiram e me ensinam, bem como as ferramentas que cada um desses arquétipos apresenta para navegar em empresas.

## HENRIQUE V

Henrique v é o personagem no qual mais me inspiro em momentos públicos, quando preciso transmitir uma mensagem de motivação ou compartilhar histórias bem-sucedidas dos *turnarounds*.

Na realidade, seu reinado se estendeu de 1413 a 1422. Na ficção de Shakespeare, sua história é contada ao longo de três peças, começando por *Henrique IV*, Parte 1, quando faz sua aparição como o jovem príncipe Hal. A partir daí, o leitor ou espectador acompanha sua trajetória até ele se tornar rei — e não um rei qualquer. Popular, inteligente e bem-sucedido, ele é o monarca de referência. Segundo Barbara Heliodora, professora emérita da UFRJ e reconhecida como autoridade brasileira na obra do Bardo, os ingleses tinham Henrique v como o clássico rei-herói.⁷ Sua fama de grande líder nacional inspirou até um filme dirigido e estrelado por Laurence Olivier na década de 1940, relembrando aos ingleses seu passado de sucesso e patriotismo durante a Segunda Guerra Mundial.

Uma das características marcantes de Henrique v é que ele é um líder intencional e construído. Como definiu Corrigan, o príncipe Hal não nasceu líder, mas aprendeu a liderar. Mais interessante ainda é o método que usou para isso. Durante as duas primeiras peças, ele passa mais tempo na taberna do que na corte do pai. Convive com o fanfarrão John Falstaff (sobre o qual falaremos adiante) e com um grupo de delinquentes. Mas essa não é uma demonstração de rebeldia juvenil, e sim um movimento estratégico rumo ao trono.

> *Eu os conheço todos, e algum tempo*
> *Vou apoiar seus desmandos sem freio.*
> *[...]*
> *Se o ano fosse feito só de férias,*
> *Brincar teria o tédio do trabalho;*
> *Mas sendo raras chegam desejadas,*
> *E nada é tão bem-vindo quanto o raro.*
> *Assim, quando largar estes desmandos,*
> *E pagar as promessas nunca feitas,*
> *Tão melhor serei eu que só palavras,*
> *Tão mais eu serei falso ao que predizem.*
> *Como reluz metal em terra escura,*
> *Brilha a minha reforma sobre as faltas,*
> *Parecendo melhor, e mais visível,*
> *Do que sem nada com que as contrastasse.*
> (Ato I, cena II)⁸

Portanto, Hal considera que construir uma má reputação tornará sua transformação em digno rei ainda mais impactante.

Além disso, essas horas na taberna lhe rendem lições valiosas. "Entrando em contato com gente bem distante do mundo da corte, Hal conhece mais facetas de seu futuro reino e colhe maior amostragem de seus futuros súditos do que lhe seria possível se não passasse de um príncipe bem-comportado", explica Heliodora.[9] Na minha interpretação, ele é como um líder empresarial que vai a campo e que chega ao poder conhecendo bem seus subordinados porque conviveu intensamente com eles.

Há, porém, um lado maquiavélico, um tanto perverso, nessa estratégia política. Hal, como prometido nos versos destacados acima, descartará sem pudores os aliados quando eles deixarem de ser úteis ou ameaçarem o reino. No final da peça *Henrique IV*, parte 2, quando assume o trono, ele rejeita Falstaff, dizendo que "sabe Deus, e o mundo há de ver/ Que eu repudio o meu eu de outros tempos;/ E assim farei aos que me acompanhavam" (ato v, cena v).[10] Da mesma maneira, em *Henrique V*, o rei concorda sem remorsos com o enforcamento de Bardolph, um de seus antigos companheiros de taberna, após ele ter sido acusado de saque.

Voltando às virtudes de Henrique v, o conhecimento sobre seu povo e sua habilidade para escutar as pessoas são demonstrados em diversos momentos. Especificamente na peça homônima, essas características o colocam em vantagem em diversas situações, chegando ao auge na famosa Batalha de Azincourt, travada em 25 de outubro, dia de São Crispim. O exército britânico enfrentou uma árdua campanha na França. Os homens de Henrique v estão exaustos e mal equipados, prestes a enfrentar mais uma batalha contra os franceses, que estão mais preparados, equipados e em maior número. O rei sabe que, se quiser ter alguma chance, precisa melhorar o moral de suas tropas. Na noite anterior à batalha, em vez de descansar, ele caminha pelo acampamento disfarçado, conversando com os homens, tentando entender o que pensam naquele momento. Sua "excursão" lhe permite criar o que considero o melhor discurso de liderança da literatura, uma retórica brilhante que lhe rende a tão improvável vitória.

> *Só nós, bando feliz, poucos irmãos;* [em inglês, o icônico *"We few, we happy few, we band of brothers"*]
> *Pois o que vai sangrar hoje comigo*
> *É meu irmão. Pois quem for malnascido*
> *Será fidalgo só por este dia.*

*E os fidalgos ingleses que hoje dormem*
*Vão maldizer não ter estado aqui*
*E ter vergonha quando ouvirem falar*
*O que lutou no dia de Crispim.*[11]

É no discurso de Azincourt que me inspiro sempre que preciso falar algo inspirador ou agregar pessoas para um projeto prioritário. E se há uma lição que Henrique V nos deixa é a importância de ouvir seus homens — no caso das empresas, os funcionários.

A habilidade de Henrique V remete a outro grande líder, Napoleão Bonaparte. O imperador francês tinha o hábito de transitar pelo campo de batalha e a capacidade de chegar à alma dos soldados durante as conversas. Como relatou um de seus capitães em diário:

> Nossas marchas eram forçadas e cansativas, mas o imperador partilhava de nossa fadiga, dia e noite a cavalo, repleto de lama como nós e nos conduzindo como uma luz para todo lugar onde ele achava ser necessária sua presença estimuladora [...]. Apesar da chuva, da neve, enfim de um tempo horrível, um frio cortante, a maior parte dos soldados de pés descalços punha-se diariamente em marcha. Nada os impedia aos gritos de "Viva o imperador!".[12]

Ser um pouco Napoleão ou um pouco Henrique V é algo que se pode aprender não apenas com a leitura das peças de Shakespeare, mas também com a prática do teatro. O treino nas artes cênicas é capaz de desenvolver um líder de qualquer nível, inclusive aqueles em ambientes extremamente hierarquizados, para transitar no chão de fábrica com a mesma desenvoltura com que esses dois líderes militares circulavam no acampamento de suas tropas, chegando ao coração das pessoas.

## RICARDO III

Bem diferente de Henrique V, Ricardo III não é um líder cativante, mas fascinante por sua capacidade de dissimulação, ousadia e crueldade, que nos ensina lições nada sutis sobre o poder. Definido pelo crítico literário

Harold Bloom como manipulador e obcecado,[13] ele é um carreirista que conquista a Coroa matando os homens que estão em seu caminho.

Ricardo III deseja muito o trono e percebe que a única maneira de se sentar ali é tomar o destino nas mãos. De certa maneira, segundo Corrigan, isso o torna um líder bastante moderno — se você quer muito alguma coisa, faça acontecer. O desdobramento dessa conclusão, uma trajetória sanguinária e violenta, não seria exatamente aceitável nos dias de hoje.

Durante sua ascensão ao poder, Ricardo III amedronta até seus aliados mais próximos. Sem escrúpulos para assassinatos e desconfiado de todos, não deixa que ninguém se aproxime demais — e quando isso acontece, o custo geralmente é pagar com a própria vida.

Acontece que, conforme ele tem sucesso em sua estratégia, perde cada vez mais a confiança das pessoas, tornando-se um líder isolado. Uma vez coroado rei, Ricardo III não tem um momento de paz. Imediatamente, há conspirações para tirá-lo do trono. O método que utilizou para chegar ao poder se volta contra ele. "Essa é a lição mais direta de Shakespeare. Você sabe que, se mentiu e enganou para chegar ao topo, os outros também podem mentir e enganar para chegar ao topo, e você não vai poder fazer ou dizer nada sobre isso", escreve Corrigan.[14]

Na última cena da peça, pouco antes de ser morto em batalha, o monarca é visitado pelos fantasmas de todas as pessoas que matou, numa clara mensagem de que os erros do passado podem perseguir um homem pela vida inteira. Segundo Corrigan,

> Ricardo nos mostra que uma ambição evidente, combinada com uma vontade extrema de agir em qualquer circunstância, pode, contra todas as chances, ser bem-sucedida. Mas esse processo faz com que você seja tão pouco confiável que ninguém realmente sabe o que você está pensando ou o que vai fazer a seguir. [...] Mesmo quatrocentos anos atrás, os ambiciosos precisavam de ajuda para manter o poder. Ambição individualizada pode trazer sucesso, mas traz desastre ao mesmo tempo.[15]

Em minha opinião, Ricardo III nos traz uma lição fundamental do que não fazer ao construir relações. Focado por completo em seu objetivo de ascender ao trono, cultiva apenas laços circunstanciais, fazendo aliados de maneira transacional. Aos poucos, as pessoas percebem que estar perto dele é uma condição temporária e que, ao deixarem de ser úteis, provavelmente perderão a cabeça. Porém, quando a maré vira e o poder de Ricardo é minado, ninguém o acode ou apoia. Ele não tem sequer um companheiro fiel, uma relação verdadeira. É uma história que, infelizmente, já vi acontecer algumas vezes no mundo executivo. Conhecer a obra de Shakespeare também nos permite identificar prematuramente os pequenos Ricardos com quem cruzamos no dia a dia.

Por outro lado, a capacidade desse personagem de meter medo até em seus aliados pode ser uma fonte de inspiração para momentos específicos nas empresas, como durante negociações difíceis em que, por algum motivo, a relação de parceria não existe. Convencer as pessoas a fazer o que é necessário por meio da imposição absolutista não é exatamente o ideal a longo prazo, mas pode ser uma ferramenta útil a curto prazo. Às vezes, para resolver problemas agudos ou tirar da inércia projetos emperrados, a coação é necessária. Tomo emprestado aqui um verso de *Hamlet*, outra peça de Shakespeare, que exemplifica bem o que quero dizer: "Evita entrar em brigas; mas se entrares/ Aguenta firme, a fim que outros te temam".[16]

REI LEAR

*Rei Lear*, uma das mais emblemáticas peças de Shakespeare, é a minha preferida. É uma peça muito interessante do ponto de vista da estratégia política. Em resumo, acompanhamos a trajetória de Lear, um monarca já idoso, que decide dividir o reino entre suas três filhas: Goneril, Regan e Cordélia. Porém, não em partes iguais. Lear escolherá as terras de cada uma com base na capacidade de demonstrarem, em palavras, seu amor por ele. Goneril e Regan aceitam a proposta, mas Cordélia se recusa a participar, dizendo apenas que o ama como filha, nada mais, nada menos. Irritado, o pai a expulsa do reino, e começa então a série de desgraças que não terá final feliz para ninguém.

"Onde ele erra, onde ele transgride a natureza, é na recusa em compreender o justo amor de Cordélia, preferindo acreditar nas bajulações de Goneril e Regan, e deserdando a caçula", afirma Heliodora. "A par disso, também erra quando quer se livrar das responsabilidades de rei, mas continuar a gozar dos privilégios do cargo. Para Shakespeare, direitos e deveres são indissociáveis."[17] Por outro lado, é possível interpretar que Cordélia, por uma postura de jovem intransigente, não quis colaborar com a manipulação do pai, vestindo um manto ético em um momento crucial para o reino. Seja como for, penso que Lear sabe que tinha duas filhas completamente ordinárias e, tentando se proteger disso, faz a pior escolha. Analisar o que o motivou e o que deu errado em sua estratégia é por si só uma lição de gestão.

Outro aspecto interessante é que Lear tem várias oportunidades de rever sua decisão. Ele é avisado por conselheiros próximos sobre a insanidade das suas atitudes, como o duque de Kent, que também acaba banido do reino, e o bobo da corte — outro personagem fundamental da obra que analisaremos a seguir. A convicção cega em sua estratégia leva o rei cada vez mais fundo no buraco que ele mesmo cavou. Ele passa por sofrimentos físicos e emocionais por se agarrar às verdades do seu passado e, quando cai em si, é tarde demais.

"A tragédia, no verdadeiro sentido shakespeariano, é que são exatamente esses valores de poder absoluto que criaram a crise que levou à desintegração de seu mundo", diz Corrigan.

> Uma das lições mais claras de Shakespeare é que, quando tanto poder é colocado em uma pessoa, há uma grande chance de que esse poder seja usado de forma caprichosa ou extravagante. Se isso acontecer, o que parece ser uma autoridade muito forte com um líder forte é, na verdade, muito frágil, com uma decisão absurda questionando toda a estrutura.[18]

Gestores que leem a peça com olhar do século XXI podem fazer pouco-caso da decisão de Lear, pensando que o poder absoluto de um monarca está longe da nossa realidade. Mas o mundo corporativo está cheio de pessoas buscando tanto poder quanto conseguem agarrar, desviando-se como podem de segundas opiniões para seus projetos. Se há uma lição explícita em *Rei Lear* é que o poder concentrado e surdo às opiniões externas não constrói reinos perenes.

Nessa obra há ainda um segundo núcleo dramático, protagonizado pelo conde de Gloucester, seu filho legítimo Edgar e seu filho bastardo Edmundo. De olho na herança da família, o manipulador Edmundo, no estilo Ricardo III, convence o pai de que Edgar está planejando assassiná-lo. Acreditando na mentira, Gloucester bane Edgar do reino. Menciono esse núcleo pois já no final da obra a história se desenrola para culminar em uma belíssima reflexão, que se aplica a tantas situações nas empresas. Durante uma tortura punitiva, Gloucester acaba sendo cegado de forma cruel. Perambulando sozinho, ele diz: "Sem caminho, não sei para que olhos; Tropecei quando via" (no original, "*I have no way, and therefore want no eyes*"). A mensagem é que, quando enxergava, não conseguiu perceber a manipulação de Edmundo. Só quando está privado da visão é que realmente ganha clareza sobre o que aconteceu. Da mesma maneira, em muitas situações na liderança, precisamos tomar cuidado para não nos cegarmos diante daqueles que operam em causa própria.

### ÂNGELO — *MEDIDA POR MEDIDA*

Vejo muita relação da comédia *Medida por medida* com o ambiente corporativo. É uma alegoria a respeito daqueles que apregoam demais suas virtudes, que costumam ser os mais corruptíveis da história. Recomendo a leitura a todos os interessados em compliance. O foco da minha análise está no personagem Ângelo, que assume como juiz da cidade durante a ausência do Duque. Empossado, Ângelo ressuscita algumas leis em desuso. Uma delas condenará Cláudio, um bom homem, à pena de morte. Sua irmã Isabela, uma linda noviça, intervém, implorando a Ângelo a liberdade do irmão. Ele a princípio resiste, mas, atraído pela beleza e lisura da jovem, propõe suspender a condenação de Cláudio desde que ela lhe dê em troca sua virgindade. Cai a máscara de austeridade e incorruptibilidade. O moralista Ângelo revela-se um juiz parcial, que decide sobre as leis ao sabor de seus interesses.

Construindo um personagem que cultivava uma inabalável reputação de austeridade e rigor, Shakespeare nos ensina a desconfiar do que é demasiadamente apregoado.

O BOBO DA CORTE

Existem em Shakespeare alguns personagens interessantíssimos que são (ou fazem as vezes de) bobos da corte. O bobo, ou bufão, era uma figura comum na monarquia, sendo o funcionário encarregado de entreter o rei e a rainha. Há uma peculiaridade importante nessa função: muitas vezes o bobo era a única pessoa com permissão para criticar os monarcas sem correr riscos. Por meio de piadas, indiretas e charadas, podia fazer seus "chefes" reconsiderarem suas decisões e aliviar o sentimento solitário inerente ao poder. Era parte de seu papel expor duras verdades, que outros não tinham coragem de verbalizar, na forma de recados menos indigestos por meio do humor. Um exemplo histórico disso é o bufão francês que, vendo-se obrigado a reportar ao rei Filipe VI o fracasso da frota real, chama a sua atenção gritando: "Covardes ingleses!". Então, continua: "Porque eles nem sequer têm coragem de pular na água como nossos bravos franceses".

Vale notar que, apesar de "bobo" ser uma palavra associada à falta de intelecto e de lógica, na verdade os bobos da corte eram pessoas bastante inteligentes, com a habilidade de verbalizar de maneira cômica e sutil algo que talvez outras pessoas arriscassem a cabeça por falar em voz alta. Em um verso do próprio Shakespeare na peça *Noite de reis*, é preciso ser *"wise enough to play the fool"* (sábio o suficiente para bancar o tolo). Este trecho do terceiro ato da peça resume com precisão esse delicado equilíbrio:

> *Tem juízo de sobra pra ser bobo,*
> *Pois pra ser bobo é preciso espírito.*
> *Tem de saber o humor de com quem brinca,*
> *E a sua posição e a hora certa,*
> *Sem deixar escapar, qual falcão novo,*

*Uma só pluma.*
*E essa profissão*
*É tão penosa quanto a arte de um sábio.*
*Pois um bobo que é sábio se acredita;*
*Mas o sábio que é bobo é uma desdita.*[19]

Outro trecho, da comédia *Como gostais*, explica a importância de dar liberdade ao bobo para que os problemas e inconsistências da corte se revelem. Diz o personagem Jaques:

Preciso ter liberdade máxima, imunidade tão vasta quanto a do vento, para soprar em quem eu bem entender, pois uma liberdade assim os bobos têm. Os que ficam mais esfolados com minhas piadas são justamente os que mais devem rir. [...] Dai-me licença para falar o que penso, e eu saberei limpar por completo o corpo imundo deste mundo infecto, se quiserem todos aceitar, pacientes, do remédio que administro.[20]

Para além das cortes medievais, o bobo também é um arquétipo universal, que encarna o humor e a irreverência. Tem o poder de dar leveza às situações, trazer novas ideias, ser agente da mudança, encarar o desconhecido e entregar-se à aventura. Sofremos pela ausência desse arquétipo em nossas vidas. Em meio à seriedade das obrigações, esquecemos de rir de nós mesmos.

Antes de passar para as aplicações do bobo nas organizações do século XXI, dedico algumas linhas a dois personagens de Shakespeare que muito me inspiram quando o assunto é humor e coragem para falar a verdade.

O primeiro deles é Falstaff. O crítico Harold Bloom o considera, junto com Hamlet, o principal personagem da obra do Bardo. Nem rei, nem herói, nem bom caráter, encanta por sua perspicácia e irreverência. Como mencionado anteriormente no tópico sobre Henrique V, Falstaff era o companheiro de taverna do futuro rei.

Velho, gordo, bonachão, bêbado e falastrão, apresentou as mundanidades para o então príncipe Hal. Ele seduz o leitor por seu humor e pela maneira como inventa histórias para manter a pose. Com inteligência e sagacidade, transforma defeitos em virtudes e derrotas em vitórias. "A vitalidade e subversiva irredutibilidade do cavalheiro a quaisquer sistematizações de valores ou ideias o tornam uma das representações artísticas mais vivas da natureza humana", define Heliodora.[21]

Com sua costumeira falta de modéstia, a certa altura Falstaff diz de si mesmo: "Eu sou não só espirituoso eu mesmo, mas a razão para que o espírito apareça em outros homens". Segundo António Feijó,[22] professor de literatura na Universidade de Lisboa, ele está ciente de que produz alegria e que o riso por ele provocado tem a capacidade de congregar as pessoas ao seu redor. Além disso, sua espirituosidade ajuda a despertar o talento de cada um. Há inclusive críticos que argumentam que Falstaff é uma espécie de Sócrates para Hal, com suas provocações o tornando cada vez mais astuto.

O segundo personagem icônico é o Bobo de Lear, talvez o bobo mais simbólico de Shakespeare. Ele não tem nome, mas um papel fundamental na peça, mantendo-se firme na função de dizer a verdade ao rei por caminhos irônicos. "Mais do que a de ser engraçado, a função do personagem é a de servir de consciência de Lear até este, depois da crise na tempestade, passar a ter ele mesmo consciência de seus atos", escreve Heliodora.[23] Em meio às absurdas decisões do monarca, é o único que consegue, sem punições, dizer que estão em risco seu reino, sua saúde e sua felicidade. É na peça *Rei Lear* também que está uma das mais famosas frases sobre os bufões: "Bobos da corte com frequência se mostram profetas".

Uma última curiosidade shakespeariana é que o crânio segurado por Hamlet em uma das cenas mais icônicas de sua peça pertenceu a Yorick, bobo da corte. Sua presença é, para o príncipe, um lembrete da mortalidade humana.

> Carregou-me nas suas costas mais de mil vezes, e agora — agora como é horrível imaginar essas coisas! Aperta-me a garganta ao pensar nisso. Aqui ficavam os lábios que eu beijei nem sei quantas vezes. Onde estão agora os teus gracejos? As tuas cabriolas? As tuas canções? Teus lampejos de espírito que eram capazes de fazer gargalhar todos os convivas? (Ato v, cena 1)[24]

Tanto Falstaff quanto o Bobo de Lear me remetem a diversas situações no meu dia a dia como diretor. O primeiro me lembra a importância do riso e o segundo, o poder de falar verdades com humor. Aprendi no teatro, especialmente durante as leituras de Shakespeare, a encarnar o papel do bobo com meus chefes e pares — e com isso ganhei muito espaço. Hoje sou capaz de falar o que ninguém tem coragem sem ser degolado, pois não falo de forma direta. O tom cômico desarma e diverte. Não bato de mão cheia, dou um peteleco na orelha.

Acredito que a figura do bobo faz muita falta às empresas. É uma válvula de escape para a dureza dos assuntos de que com frequência tratamos. É uma maneira de ter alguém apontando problemas quando todos ficam acanhados. É ainda uma quebra de barreira para o líder que quanto mais sobe mais longe fica da verdade e do que está sendo dito nos corredores. A postura do bobo ajuda a combater o isolamento e a solidão da liderança. Como gestor, sei como fazem falta pessoas que me tragam os problemas em vez de mascará-los na tentativa de salvar a própria pele.

Um artigo publicado no periódico *Management Learning*[25] defende de forma bastante embasada a presença do bobo nas organizações. Segundo os autores, dadas as decisões irracionais que existem nas empresas, é fundamental que alguém seja capaz de revelar as inconsistências. "Definimos o bobo como um papel que revela verdades desconfortáveis para a empresa por meio de provocações, ironias e absurdos, articulando o que assessores mais sábios podem considerar 'indizível', desafiando tabus." Às organizações também costuma faltar a capacidade de encorajar seus funcionários a rirem de si mesmos. Mas esse riso é justamente um antídoto poderoso contra uma rigidez que pode causar mais danos do que benefícios. "Ao que parece, o riso é o solvente universal. Uma piada bem colocada permite que um líder veja o absurdo de um curso de ação e o mude sem perder a dignidade", defende o professor Jim Euchner, consultor e autor de um artigo sobre bobos corporativos.[26]

Os autores do artigo dão dois exemplos práticos de cargos de bobo criados em empresas contemporâneas. No início dos anos 2000, a palhaça Madame Zazou foi recrutada pelo Cirque du Soleil para contrariar as tendências corporativistas quando seu fundador, Guy Laliberté, entendeu que a trupe perdia o senso de humor e a diversão — ingredientes essenciais no negócio do circo. Paul Birch, executivo de carreira da British Airways, foi nomeado em 1994 pelo então CEO, Colm Marshall, como o Bobo Corporativo oficial. Seu papel era promover a criatividade, lembrar que ser chefe não significa estar certo e dizer o que a maioria das pessoas tinha medo de falar em voz alta. Apesar da publicidade positiva que trouxe à companhia aérea, Marshall foi despedido após uma troca de diretoria, provando que tanto nas organizações contemporâneas como nas cortes medievais os bobos são sempre dependentes da tolerância de seus senhores.

Em minha opinião, não é preciso ter um "bobo oficial" na empresa. Todos podem desempenhar esse papel em momentos pontuais — há quem tenha mais ou menos facilidade para fazer isso. Mais relevante do que designar uma pessoa como porta-voz oficial do sarcasmo é criar um ambiente em que a brincadeira e o lúdico sejam bem-aceitos. Uma cultura em que a crítica inteligente é bem-vinda, em que há brechas no ritual de seriedade, em que as pessoas se permitam rir de si mesmas.

Não proponho que empresas se transformem em circos. Porém, é preciso equilibrar o decoro e a descontração para que absurdos sejam expostos e para que a criatividade floresça. Como nos lembra o filósofo russo Mikhail Bakhtin, o riso não nega a seriedade, mas a purifica e completa. "O riso purifica do dogmatismo, do intolerante e do paralisado; liberta do fanatismo e do pedantismo, do medo e da intimidação, do didatismo, da ingenuidade e da ilusão, do significado único, do nível único, do sentimentalismo."[27]

## IAGO — *OTELO*

*Otelo* é uma tragédia que aborda os mecanismos da imaginação, da paixão e do ciúme. Seu protagonista é um competente general mouro a serviço do reino de Veneza que, após conquistar Desdêmona, filha de um nobre local, parte para Chipre em companhia da esposa para combater o inimigo turco otomano. Para o mundo corporativo, no entanto, acredito que o personagem mais interessante da peça é Iago. Suboficial de Otelo, ele instila na mente do mouro a suspeita de que Desdêmona o traiu, o que ao final da peça resultará em um desfecho trágico. Iago deixa claro desde o início da história que odeia seu general. Entre os motivos explícitos estão o fato de ter sido preterido para uma promoção e a desconfiança de que o mouro tenha dormido com sua esposa, Emília — mas as origens do ódio de Iago são motivo de discussão até hoje, com diversas interpretações. O que não dá margem a dúvidas é que ele está entre os maiores vilões e manipuladores da literatura mundial, muitíssimo habilidoso em encontrar e explorar o ponto fraco daqueles que cruzam seu caminho. As empresas também têm seus Iagos, as peças mais inescrupulosas do tabuleiro organizacional. Desses, é preciso fugir ou se livrar o quanto antes.

BRUTUS — *JÚLIO CÉSAR*

Na peça *Júlio César*, há um personagem frequentemente encontrado no mundo corporativo: Brutus. Assim como Iago, é uma figura que pode pôr em xeque a harmonia das equipes.

A história retrata a conspiração contra o general romano César a partir de um grupo que se reúne sob o argumento de que ele iniciará um período de tirania. Grande amigo de César, Brutus goza de bastante prestígio e é central no drama. Apesar da relação pessoal, é convencido de que, mesmo nunca tendo atentado contra o povo de Roma, César deve ser morto de modo preventivo. Compara-o a "um ovo de serpente/ Que chocado, por sua natureza,/ Virá a ser maligno e deve então/ Ser morto inda na casca".[28]

Com o desenrolar da história, percebe-se que Brutus foi movido por paixões a um raciocínio equivocado. Não reúne dados suficientes para tomar uma decisão razoável e acaba manipulado pelos outros conspiradores — uma surpresa que César expressa na famosa frase na cena do assassinato: "Até tu, Brutus?". Num impulso de idealismo ingênuo, tenta bancar o super-herói e acaba por prejudicar a República Romana. Age em nome de uma moralidade, de uma suposta honra, que alimenta seu ego, mas só cria problemas para o coletivo. Essa intransigência moral, deslocada da realidade, é algo que vejo acontecer muito nas empresas. Pessoas que subitamente assumem uma postura moralista, que as torna aparentemente louváveis, mas que acabam por tumultuar o grupo e o andamento do trabalho. Existe um paralelo entre o idealismo egocêntrico de Brutus e o moralismo de Ângelo (*Medida por medida*). Ambos se alicerçam em uma suposta virtude de caráter para satisfazer seu ego e interesses particulares.

## HAMLET

Apesar de *Hamlet* ser considerada uma das peças de teatro mais icônicas da humanidade, confesso que não está entre as minhas preferidas. Não sei ainda se pelo perfil hesitante do personagem principal — ser ou não ser, eis a questão — ou se pela forma cruel com que acaba tratando sua amada Ofélia. Porém, ainda que não me identifique tanto com o enredo e os personagens, há uma lição importante para o mundo dos negócios relacionada ao contexto da peça.

A história basicamente gira em torno do príncipe Hamlet, que acredita ter sido visitado pelo fantasma do pai, pedindo-lhe que vingasse seu assassinato matando o novo rei — seu tio, Cláudio. Entendo que toda a dúvida de Hamlet surge porque ele vive o período de transição da Idade Média para a Renascença. Seu pai era um homem da Idade Média que exige do filho que se comporte de acordo com a lógica que imperou por séculos. Mas Hamlet é acometido por seguidas dúvidas porque saiu do seu microcosmo, teve outras referências e já está na transição para se tornar um cidadão da Renascença, sendo intimamente impactado por essas mudanças culturais. Fica, portanto, preso numa dúvida existencial entre se casar com sua amada Ofélia e ser feliz para sempre ou vingar a morte do pai. A beleza da peça está em ser uma história de transição, com muitos paralelos com as transformações organizacionais.

Em *Hamlet* há também uma passagem que muito nos ensina sobre como conduzir nossas vidas e que se aplica ao mundo do trabalho. Polônio, o conselheiro real, vai se despedir do filho, Laertes, que está partindo para estudar na França. O adeus é precedido dos seguintes versos:

*Sê forte. Não dês língua a toda ideia,*
*Nem forma ao pensamento descabido;*
*Sê afável, mas sem vulgaridade.*
*Os amigos que tens por verdadeiros,*
*Agarra-os a tu'alma em fios de aço;*
*Mas não procures distração ou festa*
*Com qualquer camarada sem critério.*
*Evita entrar em brigas; mas se entrares*
*Aguenta firme, a fim que outros te temam.*
*Presta a todos ouvido, mas a poucos*
*A palavra: ouve a todos a censura,*
*Mas reserva o teu próprio julgamento.*
*Veste de acordo com a tua bolsa,*
*Porém sê rico sem ostentação,*
*Pois o ornamento às vezes mostra o homem,*
*Que em França os de mais alta sociedade*
*São seletos e justos nesse ponto.*
*Não sejas usurário nem pedinte:*
*Emprestando há o perigo de perderes*
*O dinheiro e o amigo; e se o pedires,*
*Esquecerás as normas da poupança.*
*Sobretudo sê fiel e verdadeiro*
*Contigo mesmo; e como a noite ao dia,*
*Seguir-se-á que a ninguém serás falso.*
(Ato I, cena III)[29]

Polônio é considerado um tagarela, um homem da retórica e das sabedorias vazias. No entanto, nessa cena, resume em poucas palavras conselhos realmente sábios para qualquer adulto. É nela que está um dos versos mais consagrados do Bardo: *"to thine own self be true"*, no original em inglês (aqui traduzido como "sê fiel e verdadeiro contigo mesmo"). Como defende o filósofo Leandro Karnal, nesses conselhos lógicos e coerentes talvez esteja o primeiro núcleo da autoajuda contemporânea. "É a primeira vez que a sabedoria é sintetizada em alguns versos e a primeira vez que alguém diz o princípio que no futuro se transformará na gênese da autoajuda: seja fiel a você e você será fiel a todas as pessoas."[30] Gosto tanto dessa passagem que a reproduzi numa carta que escrevi à minha filha mais velha quando ela, assim como Laertes, partiu do Brasil para fazer sua graduação na Europa.

MULHERES

Um último paralelo com o mundo corporativo moderno que podemos encontrar em Shakespeare é a questão da representatividade feminina. É verdade que apenas 16% das personagens em toda a sua obra são mulheres[31] e que boa parte delas é retratada de forma questionável para o leitor contemporâneo (como vítimas ou de maneira misógina). No entanto, algumas delas assumem posturas bastante transgressoras em relação ao comportamento esperado para a época.

Entre o final do século XVI e início do século XVII, apesar das transformações religiosas, institucionais e científicas, as mulheres eram privadas de direitos e suas identidades estavam totalmente atreladas aos homens de quem dependiam — pais, irmãos ou maridos. Ainda assim, encontramos na obra de Shakespeare algumas personagens femininas com vontades independentes de seus familiares e do Estado. Essas figuras, assim como as mulheres contemporâneas do dramaturgo, estavam situadas no epicentro de mudanças sociais sísmicas e de uma feroz resistência à mudança, como define a professora de literatura inglesa Meg Lota Brown.[32]

São figuras como a rebelde Julieta, que aos catorze anos foge de casa e do noivo escolhido por seu pai para se casar com Romeu; a poderosa Cleópatra, uma das personagens femininas mais complexas do Bardo; a corajosa Desdêmona, que enfrenta os tabus de classe e patriarcado ao se casar com o general mouro Otelo; e a perspicaz Rosalinda, que conduz os homens e os acontecimentos de acordo com seus objetivos na peça *Como gostais*.

Assim como o momento de transformações que vivemos atualmente no século XXI, Shakespeare também escreveu durante um período de grandes mudanças. É interessante analisar seu contexto. Suas peças de maior relevância foram escritas no reinado da rainha Elizabeth I, uma monarca poderosa e muito hábil, que se manteve no trono durante quase meio século. Portanto, Shakespeare passou a maior parte de sua vida sob a regência de uma soberana mulher.

Outra questão da época, segundo Sara Clark, diretora de desenvolvimento da Cincinnati Shakespeare Company, é que o teatro elisabetano era para todos: jovens, velhos, ricos, pobres, nobres, comuns, homens e mulheres. "E o jovem William Shakespeare não era bobo; sabia que metade de sua audiência seria composta do sexo feminino", diz.[33] Portanto, se por um lado o dramaturgo não podia ofender Elizabeth I e as regras vigentes — caso contrário, seria vítima de censura ou perderia, literalmente, a cabeça —, por outro ele também sabia que o sucesso de suas apresentações dependia de cativar uma audiência em parte feminina.

Por fim, é curioso imaginar as apresentações da época. Isso porque não havia mulheres atrizes — naquele momento, o palco era restrito aos homens. Portanto, todas as personagens femininas de Shakespeare foram originalmente encenadas por rapazes, que se travestiam de acordo com a peça. É um pouco confuso imaginar, com os olhos de hoje, como transcorriam essas encenações. Especialmente considerando que em diversas peças as personagens femininas se disfarçavam de homens — portanto, um ator fazia papel de uma mulher se passando por homem!

Pensando nas empresas, destaco duas personagens que usam a inteligência e a feminilidade de maneiras diferentes para conquistar o que desejam.

A primeira é Cleópatra, uma das únicas mulheres a ocupar espaço no título de uma peça shakespeariana (*Antônio e Cleópatra*). É também uma das poucas personagens maduras e com poder que o dramaturgo retrata com nobreza e dignidade. O crítico literário A. C. Bradley a considerava uma das quatro personagens inesgotáveis do Bardo (ao lado de Hamlet, Falstaff e Iago), e não há muito consenso sobre sua personalidade.[34] São tantas perspectivas que ela acaba por se tornar uma figura enigmática e aberta ao debate. Fato é que, com frequência, ela usa sua feminilidade e seu poder de sedução para galgar posições. Ardilosa, sabe operar e navegar o sistema utilizando os recursos que possui. A escritora Nara Vidal a define como uma "verdadeira força da natureza", rainha das artimanhas e com extrema capacidade de persuasão.[35] Durante a peça, ela é acusada de ter seduzido Marco Antônio e desviá-lo de suas funções políticas. Também é tema de desconforto o fato de ser uma personagem feminina que detém autonomia financeira e poder político, segundo Nara.

Em outro espectro está Rosalinda, protagonista da comédia *Como gostais*. É a personagem feminina mais bonita de Shakespeare, exuberante em corpo, mente e espírito. Como define o crítico literário Harold Bloom:

> Se Rosalinda não for capaz de nos agradar, então nenhuma personagem de Shakespeare ou em qualquer outro lugar da literatura jamais o fará. Adoro Falstaff, Hamlet e Cleópatra como personagens dramáticas e literárias, mas não gostaria de encontrá-las de repente na realidade; no entanto, apaixonar-me por Rosalinda sempre me faz desejar que ela existisse em nosso reino extraliterário.[36]

Mas para conseguir o que deseja, ao contrário de Cleópatra, Rosalinda utiliza o ferramental do mundo masculino. Expulsa de casa, vai viver numa floresta vestida de homem. Lá, encontra Orlando, por quem é apaixonada, e ainda disfarçada de homem o ensina a seduzir uma mulher. Durante toda a peça, ela rejeita a noção de que as mulheres devem ser passivas na busca de suas paixões. Com determinação e autoconfiança, não tem medo de assumir traços tipicamente considerados masculinos para controlar seu destino. Assim como, por muitas décadas, muitas mulheres precisaram vestir calças para conquistar seu espaço no mundo corporativo. Assumiram uma postura mais masculinizada para adentrar, permanecer e ganhar confiança dentro das empresas — e até hoje é assim, dependendo do setor e do país.

Há outras personagens em Shakespeare que se vestem como homens, como Viola, protagonista em *Noite de reis*, e Pórcia, em *O mercador de Veneza*. É um recurso dramático que dava a elas a oportunidade de estar em situações em que mulheres reais do século XVI teriam sido barradas. Os elisabetanos acreditavam que as mulheres não tinham inteligência, racionalidade, coragem e outras qualidades necessárias para desempenhar papéis reservados aos homens, mas as mulheres de Shakespeare que assumem papéis masculinos geralmente fazem um trabalho melhor do que seus colegas homens.

Há ainda uma terceira personagem que pode ser analisada a partir de um dilema que até hoje aflige mulheres em diferentes condições sociais: Lady Macbeth e sua relação com o feminino e a maternidade. Na peça *Macbeth*, que tem seu marido como protagonista, ela o manipula, convencendo-o a matar o rei para assumir o trono. Para levar seu plano adiante, durante uma cena ela pede aos espíritos que removam seu sexo (*unsex-me* no original em inglês) para preenchê-la com crueldade, como se agir daquela maneira não fosse possível em sua condição feminina. Em dado momento a personagem também dá a entender que foi mãe, apesar de não ficar claro para o leitor exatamente em que momento e o que aconteceu com esse filho. Nara Vidal argumenta que Lady Macbeth é precursora da escolha entre anseios pessoais e maternidade que ainda assombra e aflige mulheres. Afirma a escritora:

> Quando ela se dispõe a, inclusive, se livrar de qualquer filho para alimentar sua ambição e executar seu plano, satisfazer seu desejo, é possível traçar uma comparação com o julgamento que existe quando uma mulher é questionada sobre seu plano de carreira, sobre seu papel de mãe, sobre o equilíbrio entre ambos, sobre os fracassos nos dois campos, sobre precisar escolher.[37]

Mais distantes do mundo corporativo, mas também pertinentes em um contexto em que as mulheres ocupam cada vez mais espaço, estão ainda Desdêmona e Julieta.

Desdêmona é uma de minhas personagens preferidas de Shakespeare, talvez por ver nela muito da personalidade de minha esposa, Susana. Na primeira parte da história, ela combate a ira do pai para estabelecer uma união improvável e parte rumo ao Chipre com Otelo. Porém, o casal se torna vítima de um complô. Acreditando que Desdêmona o traiu e cego pelo ciúme, Otelo mata a esposa, quando na realidade nada acontecera. Esse feminicídio ilustra de certa maneira uma condição histórica de desvalorização de sua índole e de sua palavra diante das acusações de um homem (Iago e o próprio Otelo). "Se há algo pelo qual Desdêmona passa repetidas vezes é sua diminuição. Seu senso crítico, suas opiniões e até mesmo seus desejos são constantemente ignorados e subestimados", afirma Nara Vidal.[38] Infelizmente, essas palavras parecem-me ecoar em muitas situações vividas neste século XXI.

Por fim, não ignoremos a mundialmente famosa Julieta. Apesar de dividir o título da peça com Romeu, ela é a personagem mais forte e interessante dos dois adolescentes. Representa uma imagem de rebeldia, desobediência e ação. É ela, segundo Nara Vidal, quem usa Romeu para sair da casa opressora. É ela quem o pede em casamento, quem tem as rédeas do plano e se movimenta. Vai até o fim na sua tentativa de libertação, culminando com o suicídio, pois não se conformou em fazer concessões.[39] Reler *Romeu e Julieta* com esse olhar proporciona uma nova relação com a história.

Judi Dench, uma das maiores atrizes britânicas, disse certa vez que Shakespeare é tão universal que muitos de nós o citamos mesmo sem saber. "Basta assistir a essas peças e estar em qualquer uma dessas situações — estar apaixonado, com ciúme ou com raiva — e você vai descobrir que ele encontrou uma maneira de apresentar o sentimento que é suficiente para a sua emoção", afirmou em uma entrevista. Sinto exatamente isso a cada nova peça que leio ou releio, não apenas para as emoções, mas para as situações vividas dentro da empresa: lidar com intrigas políticas, com o ego dos colegas, com a cegueira da liderança, com o nosso próprio deslumbramento como líderes, com a batalha por interesses díspares, com decisões pouco racionais, com manipuladores e com toda alma humana com quem cruzamos em nossa jornada como líderes.

Assim, diante dessas novas referências teóricas e das discussões promovidas pelos dois anos de estudo no mestrado, de repente deixaram de existir o Nuno estudante de teatro e o Nuno diretor da CSN. Eles eram a mesma pessoa. No ambiente do teatro, eu trazia o pragmatismo da empresa. No ambiente da empresa, tinha redobrada atenção às sutilezas da arte. Foi essa nova visão que me permitiu uma abordagem inteiramente nova naquela que seria a reestruturação mais difícil da minha carreira. Pela primeira vez, agora como diretor da Prada, eu teria ferramentas práticas e teóricas para fazer uma mudança cultural em um nível muito superior de consciência e intencionalidade. Traçando um paralelo com meu hobby de cozinhar, já não estava apenas seguindo e adaptando as receitas da minha avó. Estava pronto para fazer gastronomia molecular, utilizando técnicas da química e da física para transformar os ingredientes.

> **Na prática:** *Storytelling*
>
> Se a obra de Shakespeare continua ressoando entre nós mais de quatrocentos anos após sua escrita, é porque ele foi um mestre na arte de contar histórias — ou, reproduzindo o jargão da Faria Lima, na construção de um *storytelling*.
>
> O teatro, em todas as suas dimensões, nos ensina diversos caminhos para desenvolver essa importante competência, pois quanto mais eficientes formos na nossa forma de criar e compartilhar histórias, mais facilmente chegaremos às mentes e corações daqueles que nos acompanham. No contexto das organizações, o *storytelling* é crucial para engajar as pessoas em tarefas cooperativas, o que no final é a própria definição de liderança. Por isso, essa prática vem ganhando espaço em treinamentos executivos através de palestras, cursos e apresentações.
>
> Como explica o historiador israelense Yuval Harari em seu livro *Sapiens*, a mediação de histórias tem sido de vital importância para a humanidade desde o surgimento do *Homo sapiens*. Segundo ele, uma das chaves para o desenvolvimento da civilização foi a nossa capacidade única de cooperar de forma flexível em grandes grupos. Insetos, como formigas ou abelhas, cooperam em grandes grupos, mas de formas rígidas; lobos e chimpanzés o fazem de forma flexível, mas apenas em pequenos grupos de indivíduos que conhecem uns aos outros. Harari argumenta que as sociedades humanas só se construíram graças à nossa capacidade de criar e disseminar histórias, que servem como pilares das nossas ações.
>
> > Os humanos pensam que fazem história, mas a história comumente gira em torno da teia de histórias ficcionais. As aptidões básicas dos humanos

▼

não mudaram muito desde a Idade da Pedra. Mas a teia de histórias cresceu e ficou cada vez mais forte, o que impulsionou a história desde a Idade da Pedra até a Idade do Silício.[40]

Da mesma forma, Simon Sinek, um dos mais renomados autores e palestrantes sobre assuntos de liderança da atualidade, afirma que "histórias são muito mais poderosas do que estatísticas".[41] Ele se lembra da fala do ditador soviético Ióssif Stálin: "A morte de uma pessoa é uma tragédia; a de milhões, uma estatística". Para Sinek, a habilidade de contar histórias é parte inseparável do trabalho de liderança, pois as pessoas se relacionam muito mais com as narrativas do que com números ou fatos pontuais.

Para mim, líderes que sabem contar histórias conseguem engajar seus times ao disseminar e explicar valores, planos de ação, visões e expectativas. Inspirado pelos grandes dramaturgos, busco a cada dia inserir o *storytelling* na minha rotina como executivo.

Várias rotinas das empresas demandam competência na organização, escrita e apresentação de histórias: apresentações em conselhos, defesas jurídicas, detalhamento de projetos para aprovação superior, explicações para a imprensa de ações realizadas pela companhia ou falas para grupos de funcionários, entre outras.

Durante anos construí na CSN a reputação de aprovar a maior parte dos projetos que apresento para a presidência. Algumas vezes sinto que esse sucesso é interpretado por outros como algo místico, mas na verdade o grande segredo está em tratar a construção do *storytelling* com o maior profissionalismo possível. Para isso, muito contribuem os ensinamentos do teatro. Pessoalmente, a imersão teatral me ajudou a ser menos prolixo e mais estruturado. Apesar de sempre ter sido um bom orador, hoje em dia minhas falas são mais diretas e organizadas, com clara intenção, princípio, meio e fim.

Afinal, o que é mais o teatro do que a arte de construir e apresentar histórias?

ATO IV
# Prova de fogo

*Todas as artes contribuem para a maior de todas as artes, a arte de viver.*

Bertolt Brecht

DESDE QUE ME FOI DADA A MISSÃO DE LIDERAR A PRADA, eu sabia que seria a transformação mais difícil da minha carreira. Mas as ferramentas trazidas pelo teatro e os resultados obtidos nos treinamentos da CSN faziam com que eu me sentisse mais preparado para encará-la.

Alguns anos antes, eu já havia interagido com a equipe da empresa e ficado com uma má impressão. Como em *Hamlet*, farejei que havia algo de podre no reino da Dinamarca, e desde aquele momento acreditava que dali para a frente a Prada teria piores resultados. Propus, na época, um trabalho colaborativo, mas fiquei incomodado com a falta de reciprocidade. Como muitos outros diretores da CSN, acreditava que o mais racional era descontinuar o negócio. Agora, percebia a mesma postura de resistência, mas o contexto era outro. Em vez de me incomodar, enxergava ali uma enorme oportunidade. Sendo o novo diretor, era minha responsabilidade mudar o cenário — e havia um "mato bem alto" a ser cortado.

Quando assumi, a empresa somava oitocentos funcionários, cinco fábricas e quinze anos de prejuízo acumulado. O desempenho financeiro negativo era reforçado em um círculo vicioso pela ausência de indicadores, falta de planejamento e graves falhas na gestão da rotina produtiva. O moral da equipe também era mais baixo em razão de um ambiente organizacional pouco saudável. Na configuração mais recente da empresa, resultado da união de três empreendimentos que haviam se fundido nos anos anteriores, não havia integração dos times ou uma cultura única de trabalho. Os funcionários estavam acomodados, descrentes e não tinham vontade de crescer — ou sequer enxergavam essa possibilidade. Diante desse cenário, não saía da minha cabeça a icônica frase do consultor Peter Drucker: "A cultura come a estratégia no café da manhã". Sabia que teria um longo caminho a percorrer antes de implementar qualquer estratégia de negócios.

O que percebi nas primeiras conversas com os diretores e gerentes é que as pessoas culpavam sistematicamente fatores externos para explicar a situação da empresa, o que levava a um completo imobilismo e conformismo. O problema seria o mercado, com os novos produtos que estavam substituindo as latas de aço. A culpa também com frequência recaía sobre o acionista: a CSN obrigaria a Prada a comprar aço caro, não investiria adequadamente nas fábricas, não demonstraria interesse pelo negócio. Porém, ninguém mencionava a desmotivação interna, as falhas de gestão ou a cultura enfraquecida. Os executivos tampouco pareciam interessados em investigar a fundo a causa raiz dos problemas. Contentavam-se com a primeira justificativa plausível como bode expiatório. A empresa estava desmoronando e não havia nenhum movimento aparente para recuperá-la.

Outros três aspectos me chamaram a atenção. Primeiro, só eram demitidos os funcionários que trouxessem problemas para a gerência, portanto falhas eram consistentemente varridas para debaixo do tapete. Segundo, ninguém mexia com ninguém — não havia treinamento, troca de experiências, e cada um olhava apenas para o seu quadrado. Por fim, o mais chocante para mim foi perceber quão alienado era o ambiente da Prada. Eu andava pela fábrica, às vezes por mais de uma hora, e os supervisores, aqueles que deveriam estar a par de tudo que acontecia ali dentro, não apareciam. Nem sequer ficavam sabendo da minha visita. Era a primeira indústria que eu assumia com tamanha desconexão entre os gestores e a área produtiva. Uma loucura completa.

**Abrem-se as cortinas**

Perante tão grande desafio, refleti sobre quão semelhantes eram a montagem de uma peça teatral e a gestão de projetos em organizações. Em ambas, é preciso escolher uma equipe (no teatro, o elenco); elaborar e manter-se dentro de um orçamento para realizar o trabalho; ter o foco no deadline (ou data de estreia) para que tudo esteja pronto no tempo adequado; e alinhar a qualidade da entrega ao trabalho de vendas e marketing para que o faturamento (ou a bilheteira) recompense o esforço. Surgiu-me então a ideia de utilizar os ensinamentos do teatro, replicando na Prada a mesma ética e ações que aprendi no palco e na sala de ensaio. Seria a oportunidade ideal para aplicar meus novos conhecimentos e ferramentas, verificando na prática a viabilidade de levar as técnicas das artes cênicas para dentro da empresa.

Inspirei-me em James Kouzes e Barry Posner, que afirmaram que "a liderança também é uma arte cênica — um conjunto de regras e comportamentos —, não um cargo",[1] e em Iain Mangham, autor de vários papers sobre teatro e empresas, para quem "a vida no topo das organizações é intrinsecamente teatral".

Minha primeira ação ao assumir a Prada foi conversar com todos os executivos da empresa. Eu precisava conhecer o meu elenco antes de tomar qualquer atitude. Pedi a Fabiana Lopes, responsável pelo RH, que agendasse reuniões de meia hora para eu conhecer cada um dos gestores. Passei meus dois primeiros dias, a quinta e a sexta-feira pós--Carnaval de 2020, pré-pandemia ainda, instalado em uma pequena sala entrevistando as pessoas. Essa primeira interação me deu pistas sobre quem precisaria ser substituído e quais eram os traços mais problemáticos da cultura e da operação.

Logo naquele início, lembro-me de estar no meu treino matinal de natação e desabafar com o vizinho de raia sobre o novo trabalho. Disse-lhe que seria um tanto desagradável. "Por quê?", ele me perguntou. Expliquei que certamente teria que demitir muita gente e teria decisões bem difíceis para tomar. A ineficiência e a apatia da maioria dos executivos não me davam muita opção. Ele apenas me ouviu, e foi o suficiente. O exercício na piscina sempre me ajudou a lidar com os problemas que enfrento durante o resto do dia. E, após as primeiras semanas, fui ficando motivado pelo fato de que havia muito para arrumar. Também estava curioso para descobrir até onde a empresa poderia chegar com os ajustes, incluindo minhas novas técnicas teatrais.

Os pequenos gestos rotineiros fizeram a diferença logo nas semanas iniciais. Percebi que as pessoas ficavam surpresas por eu lhes dar bom-dia, pois antes eram tratadas como invisíveis. Então, logo entendi que construir uma conexão com as pessoas seria muito mais importante do que qualquer conhecimento de engenharia ou finanças para pôr a Prada nos trilhos. Era hora de abrir as cortinas.

### Ensemble e criatividade

Na minha primeira "cena", demonstrei à equipe que tipo de diretor eu seria. Depois de passar dois dias conversando com os executivos a portas fechadas, peguei meu computador e fui me sentar no meio de todos, na área do escritório onde ficava a maioria dos funcionários administrativos.

Tânia, secretária-executiva, não entendeu muito bem. Disse que eu podia ficar no gabinete do diretor-geral. Fui até lá e, sem entrar, fechei a porta devagar e brinquei com ela: "Não abra mais, aqui tem fantasmas". Dias depois ela retomou o assunto, para saber se eu não queria mesmo ocupar a sala. Perguntei o que a estava incomodando. "Porque tem muitos papéis, pode ter algo importante para você ver." Não dei muita importância e pedi que ela jogasse tudo no lixo. Notando a resistência em sua expressão corporal em se desfazer repentinamente de tantos documentos, sugeri que ela mesma revisasse os papéis e separasse o que parecesse relevante. Depois de uma semana, Tânia encostou na minha mesa de mãos abanando. "Você tinha razão. Era tudo velho, nada importante", admitiu. Sorri e disse que podíamos então voltar a trabalhar em paz. Não passei um dia sequer sentado no gabinete.

O canto que ocupei do escritório me permitia ver todo mundo trabalhando. Foi ali, no meio do "baixo clero", que comecei o meu diagnóstico, observando cada movimentação. Inicialmente, o time ficou desconfiado. Como seria essa nova dinâmica, com o diretor-geral olhando tudo que se passava?

Acontece que um dos princípios do ensemble, como expliquei no Ato I, é suspender a hierarquia e os jogos de status para colocar todo o elenco em pé de igualdade. Claro que naquele momento seria impossível ignorar a minha posição hierárquica na Prada ou explicar para as pessoas o que era o ensemble, mas trabalhar no mesmo ambiente dos meus subordinados era o primeiro passo para conquistar proximidade e senso coletivo. Apesar de ser o diretor, sentar-me no mesmo espaço que o resto da equipe comunicava que eu era tão funcionário da empresa quanto eles. E que eu estava disponível para dar e receber qualquer notícia que impactasse o negócio.

Mudei até o escopo de trabalho de Tânia, extinguindo sua função de *gatekeeper*, aquela que administra o acesso ao diretor. Quando ela me entregou uma pilha gigante de pedidos de aprovação dos mais diversos temas da empresa, expliquei que não trabalharíamos assim. "Preciso fazer perguntas sobre cada um desses processos. Por isso, cada pessoa que tem uma necessidade de aprovação deve trazê-la para mim." Até então, as pessoas jogavam as necessidades de aprovação na mesa de Tânia e viravam as costas. Ela acabava tendo que tratar de um monte de problemas que nem sequer compreendia. Disse que as pessoas deveriam me procurar diretamente, tornando as decisões mais ágeis, pois qualquer dúvida seria abordada por mim e em tempo real.

Havia na Prada uma diferença chocante em relação ao escritório central da CSN. Na matriz, havia muitos anos, trabalhávamos com o conceito de *open space*, ou escritório aberto, o que significava desde ausência de salas fechadas para executivos a banheiros compartilhados por estagiários e diretores. Na Prada, era o oposto. Tudo funcionava em silos, e os níveis hierárquicos eram reforçados em cada detalhe. O diretor tinha uma sala só para ele, assim como o gerente-geral, e não raro se trancavam ali por horas. As pessoas com os cargos mais altos passavam o dia apartadas do resto da equipe. Quem teoricamente mandava passava o dia isolado de quem teoricamente obedecia.

Essa distância física tanto refletia como reforçava a cultura empresarial vigente: as informações eram restritas, os departamentos não se comunicavam, e os executivos eram inacessíveis. Havia um abismo entre as pessoas. Ninguém tinha coragem de falar diretamente com o chefe, seja para tirar dúvidas, seja para avisar sobre problemas.

Entendi que essa transformação envolveria também derrubar algumas paredes — literalmente. Acabei com os gabinetes privados, transformando-os em salas de reunião ou espaços de uso comum. Apenas o RH ficou com um espaço mais reservado, por conta dos assuntos com os quais lidava, mas ainda assim sem portas.

Um dia, Ellen Braga, que havia sido minha gestora na área de Vendas Especiais e que convidei para assumir a gerência comercial na Prada, me levou para espiar um armário no canto do escritório. "Você sabia que aqui atrás existe uma segunda copa?", perguntou. "Não", respondi. Para mim só havia uma, aquela que eu usava todos os dias. Dei a volta na direção indicada por Ellen e vi, entre o armário e a parede, um estreito corredor com uma geladeira, uma cafeteira e uma mesa. Parei para pensar e de fato só cruzava com gerentes e diretores na copa "oficial". Aquele espaço clandestino era onde todos os outros funcionários faziam a pausa no meio do expediente e abasteciam suas xícaras. Foi um choque. Rapidamente extingui a copa "paralela" e avisei que a partir daquele momento todos estavam autorizados a frequentar o outro espaço. Como "gato escaldado tem medo de água fria", demorou um tempo para as pessoas vencerem o medo de pisar na copa coletiva, mas por fim elas assimilaram o novo hábito.

Empregamos a estratégia de atração pela comida para estimular o uso da copa. Para além das comemorações de aniversário, que sempre fazíamos com doces, foi acordado que qualquer evento passasse a ser comemorado com bolo na copa. A tradição começou com a gradual liberação das vacinas na pandemia: quem conseguia sua primeira dose levava o bolo. Hoje, o quitute é parte dos rituais da Prada. Sejam eles de aniversário, volta de férias, promoção, nascimento, retorno de licença, tudo demanda um bolo!

Mais tarde eu entenderia que revitalizar e ressignificar a copa não era só uma questão de dar à equipe um espaço digno para tomar café. A copa é potencialmente o ambiente mais criativo dentro de uma organização. Primeiro porque, sendo um local de descompressão e convivência, as pessoas entram ali muito mais desarmadas do que quando pisam em uma sala de reuniões. Estão ali para repor sua dose de cafeína, comer um bolo, jogar conversa fora ou encontrar aquele colega transferido para outra área. Esse clima amigável abre uma fissura no jogo corporativo, criando um terreno fértil para a criatividade e a cooperação. Ali é mais fácil o estagiário fazer uma piada sobre o diretor; o analista revelar um detalhe surpreendente sobre a sua história familiar; ou descobrir que você e seu gerente gostam de ir ao mesmo bar no final de semana. Criam-se conexões e surgem excelentes soluções para o negócio. A nova copa coletiva da fábrica matriz da Prada se tornou o mais agradável espaço do escritório. Todos se encontram ali, compartilhando momentos de descontração e tendo conversas informais que não raro trazem insights para as necessidades do negócio. É o ambiente perfeito para criar o estado de ensemble!

Isso é contraditório com o que muitos executivos pensam. Eu mesmo, no início da minha carreira, não frequentava a copa, porque considerava isso um mau exemplo e apreciava que o uso por parte de meus subordinados fosse breve. Hoje, muitas empresas investem em espaços de integração. Costumo visitar empresas com aquelas salas de criatividade cheias de cores e brinquedos de adulto. Reconheço o esforço, mas penso que esses ambientes não servem por completo ao propósito de estimular a criatividade — além de invariavelmente estarem vazios. Se eu puder dar um conselho para o seu próximo *turnaround*, é este: não compre uma mesa de pingue-pongue nem um videogame. Compre uma cafeteira.

### Presença corporativa

Os anos de experiência liderando a reestruturação de empresas me ensinaram que para resolver um problema é necessário entendê-lo na íntegra, o que demanda ir ao local onde ele se manifesta. Basear-se apenas em informações secundárias, como e-mails, apresentações ou relatos de outras pessoas envolvidas, aumenta as chances de um diagnóstico incompleto. Fatos cruciais para o melhor entendimento sobre o que está acontecendo podem ficar ocultos ou perdidos. Essas lacunas não surgem necessariamente da má intenção de quem nos dá a notícia. É apenas a tendência natural do fluxo de informações, tal qual a brincadeira do "telefone sem fio", com detalhes se perdendo ou se modificando a cada etapa.

Sabendo disso e tendo sempre me encantado pelas operações, adotei cedo o hábito de percorrer o chão de fábrica. Especialmente quando assumo um novo negócio, evito nos primeiros dias olhar para relatórios, pois o papel aceita tudo. Mergulho nos dados depois de andar pela fábrica, pois só então saberei se os números estão me contando uma história coerente. Porém, percebo que essa não é uma prática comum na maioria das empresas. Há muitos gestores que não saem do ar condicionado. Permanecem confortavelmente sentados atrás de suas mesas, passando boa parte do dia com as portas fechadas, confiando em relatos de segunda mão. Na Prada não era diferente.

Apesar de esse afastamento ser em geral associado ao desconforto físico que andar pela fábrica gera — afinal, costuma ser um ambiente quente, barulhento, pouco compatível com o look executivo —, arrisco dizer que o desconforto é muito mais emocional. Os gestores se isolam porque têm dificuldade de estabelecer uma conexão com os operários. Sentem-se tensos para interagir com eles, sem saber como conduzir uma conversa com pessoas cuja realidade é tão diferente da sua. Além disso, esse nível de exposição dá espaço para perguntas ou afirmações desafiadoras — então, por que arriscar?

A resistência é tanta que algumas empresas criaram métodos para garantir que gestores frequentassem as fábricas. É o caso da montadora japonesa Toyota. Seu sistema de produção, que transformou a manufatura na segunda metade do século XX, inclui o conceito *Gemba*, palavra japonesa que significa literalmente "local real" ou "lugar verdadeiro". A exigência é que os líderes observem os problemas sob a sua responsabilidade no local onde as coisas acontecem, sendo incentivados a ter uma visão em primeira pessoa, sem filtros, do que está realmente acontecendo. Essa cultura é hoje amplamente divulgada nas áreas operacionais nas indústrias que implementam sistemas de *lean manufacturing* (manufatura enxuta).

No caso de gestores que trabalham em funções administrativas ou em empresas não industriais existe o modelo *management by walking around*, ou MBWA (que gosto de traduzir como "administração por visitação"). Criado por executivos da Hewlett-Packard (HP), nos Estados Unidos, e divulgado pelos consultores Tom Peters e Robert H. Waterman no livro *Vencendo a crise*, é uma estratégia destinada a aumentar a presença corporativa. Praticá-la significa andar aleatoriamente pelas operações, chegando aos mais diversos locais, numa abordagem com abertura para o improviso. Durante essas caminhadas, os líderes aprendem mais sobre os equipamentos, rotinas, moral das equipes, clientes e dificuldades, além de ser uma verdadeira oportunidade para se conectarem com as pessoas.

Utilizo essas duas abordagens em meus desafios profissionais, o que sempre contribuiu para engajar os colaboradores, entender suas perspectivas e empoderá-los. Também ajuda a construir um ambiente de liderança em rede, mais democrático e colaborativo. Penso que os líderes que se protegem em suas "redomas de vidro" desfrutam de uma doce ignorância, mas perdem a oportunidade de entender o que está realmente acontecendo.

Há uma história emblemática que Daira Rodrigues, que se tornaria meu braço direito em Logística Reversa, adora contar. Eu havia planejado uma visita à equipe de almoxarifados em Volta Redonda, que era o meu mais recente desafio depois de ter assumido a Prada. Já tendo tido algumas experiências de visitar fábricas comigo, Daira avisou aos colegas que não perdessem tempo com slides, pois eu certamente pediria para andar pela área. Eles não a ouviram. Seguiram montando uma apresentação que levaria uma tarde para ser realizada e organizaram apenas dois dos 47 almoxarifados da Usina Presidente Vargas. Cheguei já vestido com todos os equipamentos de proteção individual (EPIs). Os gestores disseram que começariam com uma apresentação. Daira observava tudo em um canto, já com os EPIs dela a tiracolo. Agradeci, mas disse que não estava ali para ver slides. Queria andar pelos almoxarifados! De novo, não acreditaram. Saíram comigo, cochichando que me cansaria rápido. Mas naquele dia andamos quase quinze quilômetros e percorremos todos os almoxarifados possíveis até que o sol se pôs e a luz acabou. Visitamos mais de trinta locais. Daira, então com problema de vesícula, se apoiava como podia a cada parada — mas desde o início ela sabia o que esperar. Os outros, incrédulos, se arrastavam atrás de mim com a energia que lhes restava.

Essas jornadas imprevistas e fisicamente demandantes são infalíveis. É uma situação de tanto desconforto que as máscaras caem e as verdades emergem. A certa altura nessa visita dos almoxarifados, entramos em um galpão gigante, cheio de peças. Eu, que nunca sigo na direção sugerida e exploro os quatro cantos das fábricas, de repente avistei uma porta vermelha em uma parede distante, no final do galpão. Quando cheguei perto, vi que não estava trancada com cadeado. Estranhei. Coloquei a mão na maçaneta e olhei para trás. Por cima do meu ombro, pude ver a cara de pânico de dois gestores. Estavam lívidos. Então, tive certeza de que algo estava errado. Abri a porta e diante de mim estava um lixão. O chão era uma poça de lama, afundado por montanhas de peças sucateadas que, se somadas, provavelmente valeriam alguns milhões de reais. O lugar era sujo, escuro e úmido, totalmente fora dos padrões aceitáveis. "Que lindo. Aqui vocês não iam me trazer, não é?", ironizei, me dirigindo aos gestores.

O *Gemba* funciona porque há sempre uma porta vermelha destrancada. Tenho certeza de que, se parar o que estou fazendo neste exato momento e andar por qualquer fábrica sob minha gestão, encontrarei pelo menos três coisas para melhorar, cinco pessoas precisando de apoio e duas boas ideias para o negócio.

Essa visita aos almoxarifados, claro, foi uma situação-limite e anedótica, mas que resume a minha postura durante os *turnarounds*. Na Prada, logo que assumi, iniciamos uma rotina de visitação das fábricas, laboratórios e oficinas mecânicas. Não demorou muito para eu identificar as primeiras anomalias.

Na unidade de Santo Amaro, onde eu passava a maior parte do tempo, não havia controle de qualidade na linha de produção. Só quando as latas estavam prontas uma equipe de inspeção analisava visualmente uma a uma, separando as aprovadas e as defeituosas. Durante minhas visitas solitárias, conversava com essa equipe de checagem. Essa área tinha um apelido: Largo Treze, em referência a uma região no bairro de Santo Amaro que passou por um intenso processo de decadência urbana que chegou ao auge no início dos anos 2000. Era a área para onde mandavam os funcionários com questões físicas ou disciplinares. Sempre fazia a mesma pergunta: qual problema as pessoas viam em cada lata descartada? "Essa é o verniz", "Essa é um vazamento", e assim por diante. Um dia, peguei uma lata da pilha de defeituosas que me parecia estar em ótimo estado e questionei qual era o problema daquela. "Ah, está vendo aqui essa marca?", uma das funcionárias me perguntou. Olhei, olhei e respondi que, sinceramente, não via nada. Ao que ela confessou: "Pois é, eu também tenho tanta dificuldade com estes óculos...".

Toda vez que conto isso em minhas palestras sobre a Prada as pessoas caem na gargalhada. Seria mesmo cômico se não fosse trágico. Mas não parou por aí. Depois dessa resposta, peguei a pilha de latas descartadas e despejei todas sobre um pallet. Chamei o funcionário da qualidade responsável por definir o padrão de descarte e pedi que selecionasse as latas. Todas estavam boas. Depois, pedi que ele me apontasse os problemas na lata defeituosa que a equipe usava como referência para a seleção. O gabarito ficava em um pedestal marcado com um adesivo com os dizeres "não ok". Após uma longa pausa de observação, ele disse: "Ah! Esta não tem defeito". Riscou o "não" do adesivo, recolocou a lata no pedestal, virou as costas e foi embora. Fiquei ali, parado, me perguntando quantos produtos estavam sendo descartados erroneamente por conta de uma péssima gestão de qualidade, mas ao mesmo tempo aliviado por ter dedicado algumas horas a andar por ali fazendo perguntas.

Mas este não é um livro sobre *lean manufacturing* ou gestão de qualidade. Se já era minha rotina estar dentro das fábricas, o que o teatro teve a ver com a transformação feita na Prada?

Minha vivência prática e teórica com as artes cênicas me deu ferramentas para tornar minhas visitas ainda mais potentes e me ajudou a entender melhor o impacto da presença corporativa.

Entre as ferramentas estão recursos já explorados nos capítulos anteriores. Por exemplo, a importância do olhar e da comunicação não verbal. Hoje ando pelo chão de fábrica não apenas observando o trabalho que está sendo feito, mas as pessoas. Olho nos olhos de cada funcionário, mesmo que por uma fração de segundo, o que gera um impacto difícil de descrever. Aqueles que se tornam invisíveis em meio à linha de produção sentem que alguém os está enxergando. Cumprimentar cada operador e operadora tem um valor motivacional em si mesmo. Procuro manter uma postura que comunica abertura e disponibilidade, em vez de uma que reforça a diferença de hierarquia. Trabalhar de maneira consciente minha presença corporativa me ajudou ainda a lidar com representantes de sindicatos, algo que faço com frequência. Não raro eles chegam armados para a briga, mas o jeito como recebo e cumprimento a todos, antes mesmo de nos sentarmos à mesa de negociação, já redireciona o rumo da conversa.

Também utilizo o conceito do "aqui e agora". Quando caminho pela fábrica estou cem por cento focado nessa ação. Não vou apenas por obrigação, mas sim para observar atentamente. Prefiro investir meu tempo de verdade nessas visitas, pois esse olhar apurado e essa presença me permitem antecipar problemas que mais tarde se transformariam em emergências, grandes tomadoras de tempo. O aqui e agora também funcionou para estabelecer uma dinâmica mais produtiva durante as reuniões corporativas. Na Prada, por exemplo, os encontros da diretoria eram totalmente improdutivos. "Faltava foco nas reuniões, tudo era disperso, as pessoas se engajavam em conversas paralelas sobre vinho", lembra Fabiana Lopes, responsável pelo RH. Estabelecemos reuniões com objetivos claros e limite de tempo nas quais todos devem estar concentrados.

Há ainda as técnicas do *improviso*, grandes aliadas para contornar situações inesperadas na prática do *Gemba*. O líder que adota essa postura precisa estar preparado para respostas verdadeiras e francas, caso seja confrontado pelos funcionários. Já me aconteceu de não ter algo para dizer imediatamente, mas aprendi a acolher os questionamentos e voltar assim que possível com uma explicação ou solução.

Por fim, o teatro me ajudou a entender o efeito da presença do diretor. Existe algo extremamente poderoso no simples fato de ser observado, mesmo que não haja nenhuma fala ou interferência explícita. Sinto diretamente esse efeito na minha vivência teatral: há uma grande diferença entre os ensaios realizados com a presença do diretor e na sua ausência — estes últimos tendem a ser menos produtivos. Bons diretores de teatro trabalham a uma certa distância de seu elenco, focados no que está sendo ensaiado, falando pouco. Piers Ibbotson dá o exemplo de uma diretora com quem trabalhou na produção de *Rei Lear*:

> Ela ficava sentada, calma e contida, inclinada para a frente em sua cadeira, observando com uma concentração tão intensa que tirava o fôlego. De alguma forma, você sabia que ela não deixava passar nada: ela tinha visto tudo e anotado tudo, bom ou ruim, e se ela não chamasse a sua atenção, você não precisava se preocupar. Há algo profundo nas pessoas que prestam atenção e falam pouco; é um fenômeno que está diminuindo ao nosso redor. Havia nessa diretora, e nas regras da comunidade que ela estabeleceu, uma profunda sensação de que você estava sendo observado e notado de uma forma totalmente positiva.[2]

Essa descrição me soa bastante diferente do que vejo — e do que o próprio Ibbotson testemunhou — em organizações, onde o trabalho das pessoas é monitorado, interrompido e julgado com frequência. Gestores do mundo corporativo não costumam adotar a postura de "escrutínio desinteressado",[3] que é a marca registrada dos diretores de teatro. Executivos de modo geral fazem aparições breves, ouvem pouco, falam muito, dão instruções e depois vão embora para tratar de outros assuntos aparentemente mais urgentes. Não assumem um papel inspiracional, de alguém capaz de guiar, treinar ou orientar o time de maneira equilibrada.

Quem nunca ouviu o jargão: "Se quiser algo bem-feito, faça você mesmo"? Durante bastante tempo da minha carreira fui vítima dessa confusão de papéis. Para mim, tudo deveria ser feito de forma excelente e por isso executava o que as catorze horas diárias de trabalho permitiam. Isso levava a um desempoderamento das equipes e a um ciclo insustentável de sobrecarga de trabalho para mim mesmo.

A força da presença que o teatro nos propõe é aquela de sabermos que existe alguém com a missão de nos observar e apoiar na execução; que propõe novos caminhos baseando-se no que já foi construído; e que dá feedback de forma construtiva e compassiva.

### Escolha do elenco

A fama que conquistei depois de participar de tantos *turnarounds* não é das mais simpáticas, já que resolver a situação de áreas ou empresas problemáticas costuma envolver demissões. É claro que não tenho prazer algum em mandar pessoas embora. Mas é meu trabalho formar uma equipe composta de profissionais que contribuam para o resultado e preservem o senso do coletivo, o que invariavelmente me leva a demitir quem não performa adequadamente ou sabota a dinâmica do grupo.

Infelizmente, ao contrário do diretor de teatro, que na imensa maioria dos casos seleciona seu elenco do zero para uma nova peça, como diretor de empresas assumo sempre um time que já estava ali antes de mim. Em vez de escolher novos atores para o trabalho e formar um grupo "fresco", preciso olhar para o que já existe, avaliando quem fica, quem precisa mudar de papel e quem deve deixar o elenco definitivamente.

No caso da Prada, a equipe entregava um péssimo resultado havia muito tempo. Mesmo antes de assumir a posição eu sabia que seriam necessários muitos ajustes no quadro de funcionários. Conduzi entrevistas, analisei os perfis e cruzei o que sabia sobre as pessoas com os papéis disponíveis, mantendo quem tinha alguma possibilidade de ter um desempenho positivo.

No entanto, a velocidade de substituição de pessoas na Prada foi menor do que a que costumo adotar. Isso porque no meu diagnóstico fui convencido de que produzir embalagens metálicas era uma filigrana. Havia tantos detalhes exclusivos àquele negócio que tive medo de afundar de vez a empresa caso mandasse embora todos com maior competência técnica e experiência na "arte de fazer latas". Substituí uma parte mais crítica, mas mantive alguns profissionais com performance duvidosa, por conta do conhecimento específico que possuíam.

Cheguei até a aceitar sugestões de trazer de volta ex-funcionários, que teoricamente conheciam bem o negócio. O resultado? Nem os que mantive a princípio nem os que trouxe de volta resolveram os problemas da companhia. Pior: lidar com o ego e a vaidade de muitos ainda me rendeu situações muito estressantes e desconfortáveis. Porque, quando apontávamos um erro, a culpa era sempre da natureza do negócio, imprevisível como uma tela do pintor expressionista Jackson Pollock. E se ninguém aceitava críticas, como melhorar?

Levei um bom tempo para descobrir que havia caído numa armadilha. Na realidade, eu não precisava de ninguém com background técnico em embalagens metálicas na minha equipe de liderança. Então, o paralelo com o teatro mais uma vez se mostrou verdadeiro. Imagine que estou montando a peça *Romeu e Julieta*, de Shakespeare. Naturalmente, precisarei de alguém para o papel da mãe de Julieta, uma garota de catorze anos de personalidade forte. Porém, jamais colocarei como pré-requisito para a escolha da atriz que ela seja mãe de uma adolescente. Atores possuem treino e muita técnica para encarnar diferentes personagens que à primeira vista nada têm a ver com suas experiências de vida.

No mundo corporativo não é diferente. É um perigo ficar refém de uma ideia fixa de competência, imaginando que, se o profissional não estiver moldado por suas experiências prévias, será incapaz de contribuir para o negócio.

Na verdade, esse fenômeno não era novidade. Na minha carreira eu tinha compreendido havia muito que, dos três fatores que determinam a competência de um profissional — conhecimento, habilidade e atitude —, o motor do desenvolvimento é a atitude. Só ter o conhecimento técnico e a habilidade não basta. Sem atitude, o desempenho deixará a desejar. Pessoas que não possuem conhecimento ou habilidade, se tiverem atitude, muito provavelmente correrão atrás do conhecimento para em pouco tempo estarem prontas para um novo desafio.

Após três anos à frente da Prada, com resultados melhores do que os iniciais, mas ainda longe do que eu havia idealizado para a empresa, desisti definitivamente dos técnicos e "artistas da lata". Tomei coragem para simplesmente contratar pessoas boas, sendo a qualidade de suas entregas prévias o único requisito para se juntar ao time. No início de

2024, nenhum dos meus gerentes conhecia profundamente o mercado de embalagens metálicas, mas foi quando começou o melhor período da minha gestão. Os resultados deslancharam.

Ainda sobre a escolha do elenco, outro elemento importantíssimo é manter o olhar atento para a diversidade. Tanto no equilíbrio de gênero, raça/etnia e condição socioeconômica nas contratações quanto no esforço ativo de trazer para os fóruns de discussão representantes de todos os níveis hierárquicos.

Artistas de teatro sabem muito bem que um elenco não é composto apenas de estrelas. Usando novamente as peças de Shakespeare como exemplo, o Bardo sempre reserva trechos relevantes para o "baixo clero", nos quais quem protagoniza o diálogo são criados ou ajudantes, cavalariços ou soldados de infantaria. Isso acontece não apenas porque eles tinham função essencial na sociedade elisabetana, mas porque tinham papel relevante em facilitar ou frustrar os grandes esquemas de poder. Nas empresas, essa composição raramente existe. Personagens secundários não são convidados para os debates estratégicos.

Ibbotson chama esse fenômeno de *"too many Hamlets"*, ou "Hamlets demais". Isso porque muitas reuniões nas empresas são o equivalente a dirigir *Hamlet*, tendo na sala de ensaio vinte atores, todos homens, jovens e desesperados para ser o protagonista da peça. Mas essa configuração não é a ideal nem na montagem da peça nem na condução de uma companhia. É preciso ter todos envolvidos em contar a história, mesmo que o trabalho de um deles se resuma a correr para entregar uma carta no momento crucial da narrativa. Sobre esses coadjuvantes, Ibbotson afirma:

> Eles terão informações, conhecimento tácito e uma perspectiva sobre todo o projeto que pode ser o germe de uma intervenção transformadora que vai mudar as coisas. Se eles não estiverem representados, você estará se privando, como diretor, de recursos criativos potencialmente vitais.[4]

Na Prada, desde o início procurei criar um ambiente no qual todos se sentissem à vontade para dar ideias e discordar das propostas do colega, independentemente de seu nível hierárquico. Um ambiente, como dizem hoje, psicologicamente seguro. A reunião diária que implementamos para discutir o desempenho da empresa conta com a participação de todos os gerentes, todos os coordenadores e inclui alguns especialistas e analistas de cada área, que têm cargos mais baixos na hierarquia corporativa, mas um conhecimento essencial para levantar "bandeiras amarelas" na operação. "Essa liberdade me permitiu dar voz às pessoas do meu time, mostrar que a opinião delas importa. Hoje temos vários projetos e sempre colocamos todo mundo na mesa para discutir e opinar. Na minha equipe tenho desde um rapaz de 24 anos até um senhor de 76 com quase cinquenta anos na indústria da lata. Alguns têm mais conhecimento, outros, mais experiência. Ao trabalhar dessa maneira, percebo que o grupo se torna mais criativo", relatou Mauricio Xavier, gerente de projetos da Prada.

Um exemplo da eficácia desse método foi um projeto muito estratégico e complexo, para o qual eu já estava esperando havia dois anos por uma solução, nunca entregue pelos meus antigos "artistas da lata". Quando Mauricio chegou, pedi que resolvesse o caso o mais rápido possível, me dando uma estimativa de quanto custaria e quanto tempo levaria para realizá-lo. Com um prazo apertado, ele agregou uma dezena de pessoas na discussão, como especialistas em produção e na área comercial. "As pessoas foram opinando, dando horizontes, e, no final, o que parecia ser um bicho de sete cabeças virou algo menos complexo, porque quem conhecia os temas estava na mesa para traçar um plano", lembra Mauricio.

Escolher o elenco dentro das empresas, portanto, requer fazer boas contratações, entendendo quem pode performar melhor para cada papel e depois integrar os diversos níveis hierárquicos nas discussões estratégicas.

### Jogos de status

No teatro do improviso, status se refere à diferença de poder na relação entre duas pessoas — e nada tem a ver com hierarquia. Reis estão indiscutivelmente no topo da pirâmide pelo nível hierárquico, mas bobos da corte com frequência aparecem com status mais elevado do que seus monarcas nas peças de Shakespeare. Enquanto a hierarquia é reforçada por títulos, cargos e reconhecimentos externos, o status se estabelece pelo comportamento dos personagens durante uma interação e pode ser identificado pela linguagem corporal e maneira de falar dos personagens. O motor da comédia são as variações de status. Um exemplo mundialmente conhecido que ilustra essa dicotomia entre hierarquia e status são os personagens de Charles Chaplin. Como operário, em termos hierárquicos ele costuma estar muito abaixo daqueles com quem contracena. Mas a genialidade do artista está justamente em se sobrepor em termos de status.

## PEQUENA ANEDOTA SOBRE STATUS

O sr. Singh, um bilionário indiano que vive em Londres, entra num banco, diz que partirá numa viagem de negócios à Europa e que necessita de um empréstimo de 5 mil libras. O gerente diz que o banco precisa de uma garantia para fazer a operação. Então, o sr. Singh entrega a chave de seu Rolls-Royce, avaliado em 250 mil libras. "O carro está parado do outro lado da rua", aponta. O gerente revisa a documentação, libera o empréstimo, um funcionário leva o carro para a garagem do banco e o sr. Singh segue para sua viagem. O gerente conta o ocorrido aos colegas, o diretor chama o presidente e todos se divertem com o absurdo de alguém deixar um bem de 250 mil libras como garantia de um pequeno empréstimo. Duas semanas depois, o cliente volta e paga as 5 mil libras do empréstimo mais 15,41 libras de juros. Antes de deixar o banco, o gerente lhe pergunta: "Senhor, estamos um pouco intrigados. Enquanto estava fora, pesquisamos e descobrimos que o senhor é bilionário. Por que se deu ao trabalho de fazer o empréstimo conosco?". Ao que o sr. Singh responde: "Onde mais em Londres posso estacionar meu carro por duas semanas por 15,41 libras?".

Na arte do teatro, as mudanças de status são fundamentais para cativar o espectador durante uma peça. Diretores e atores devem aprender a representá-las para que a obra atinja o objetivo e a grandiosidade artística pretendidos. Como explica Keith Johnstone, a audiência adora o contraste entre hierarquia e status. Gostamos quando um vagabundo se sobrepõe a um milionário. "Quando uma pessoa de status muito alto se dá mal, todos sentem prazer ao experimentar a sensação de subir um degrau", diz Johnstone.[5] Segundo ele, os jogos de status operam sempre como uma gangorra: um vai para cima quando o outro vai para baixo. "Entre em um camarim e diga 'Consegui o papel' e todos vão lhe dar parabéns, mas vão se sentir rebaixados. Diga 'Eles disseram que sou velho demais para o papel' e todos vão lamentar, mas ficar perceptivelmente animados."[6]

Para além do teatro, jogos de status fazem parte da vida social de qualquer ser humano. São uma herança ancestral, com mecanismos comandados por nosso cérebro límbico — área responsável pelas emoções e comportamentos sociais. Mamíferos são animais gregários e dedicam muita energia aos jogos de status, porque aqueles que conseguem se sobrepor e ter seu destaque aceito pelos pares têm mais probabilidade de se reproduzir. Ao obter um status mais elevado, são recompensados com uma sensação de prazer gerada pela liberação de serotonina, neurotransmissor conhecido como o hormônio da felicidade. Em oposição, quando um mamífero tem seu status ameaçado, entra em alerta devido a um desagradável aumento do cortisol, hormônio diretamente envolvido na resposta ao estresse.

Entre os humanos do século XXI, os jogos de status não servem apenas à perpetuação da espécie e à definição de quem será o líder do bando, mas se sofisticam nos diferentes contextos sociais. Esse mecanismo entra em ação quando comparamos nosso mérito acadêmico, riqueza financeira, sucesso no esporte, beleza física, resultado eleitoral, entre tantos outros. Dentro de um grupo, todos os membros prestam permanente atenção nos conflitos e nas mudanças que ocorrem nas posições de status.

Segundo Johnstone, as pessoas costumam ter um status preferencial. Algumas preferem ficar por baixo, outras por cima, e manobram suas interações para sustentar essas posições. "Uma pessoa encenando um status alto está dizendo: 'Não se aproxime, eu mordo'. Alguém que encena um status mais baixo está dizendo: 'Não me morda, não vale a pena.""[7] Apesar de termos nossas preferências, Johnstone defende que é possível aprender novos comportamentos e aplicá-los ao convívio diário. Segundo ele, "assim que compreende que cada som ou postura implica um status, você de fato percebe o mundo de modo diferente".[8] Depois da minha experiência nas artes cênicas, concordo inteiramente.

Empresas, em suas estruturas hierárquicas e ambientes normalmente competitivos, são "palcos" férteis para o desenvolvimento de enérgicos jogos de status, mas em geral as pessoas entram nessa dinâmica sem consciência de seus mecanismos e efeitos. No meu caso, o teatro me levou a tratar os jogos de status com intencionalidade, decidindo quando quero me colocar numa posição elevada e quando estrategicamente devo me colocar em posição de submissão. Com pessoas do ponto de vista hierárquico superiores a mim, adoro fazer o papel de bobo da corte, desmontando argumentos e apontando decisões duvidosas sem nunca disputar a posição delas. Com colegas e funcionários, uso a tática da gangorra, estando ora em cima, ora embaixo, para desarrumar estruturas e chacoalhar quem se sustenta apenas pelo título do crachá. Desde que comecei a jogar de maneira consciente e intencional com os jogos de status, passei a contornar com mais facilidade situações desafiadoras.

Um excelente exemplo prático foi uma viagem que fiz à Coreia do Sul em 2023. Naquele momento, além de cuidar da Prada, eu continuava à frente da equipe de Projetos da CSN. Nessa outra área, minha equipe havia vencido um leilão para comprar uma linha de produção complexa, cujos equipamentos estavam numa fábrica em Suncheon, cidade sul-coreana. Estávamos falando de 150 contêineres e 4 mil toneladas de equipamentos. Enviei para lá um grupo que coordenaria essa operação de transferência, desmontando a linha e enviando as partes de navio até a fábrica da CSN em Volta Redonda, onde seria reinstalada. Para ficar à frente do relacionamento com os coreanos, contratei Mauricio Xavier. Até aquele momento, ele havia trilhado uma carreira técnica na companhia e buscava uma posição como gestor. Logo que assinamos o contrato, ele fez as malas e partiu para ficar um semestre do outro lado do mundo.

Menos de um mês depois de sua chegada, no entanto, recebemos a notícia de que o relacionamento com a equipe da fábrica sul-coreana não evoluía da maneira esperada. Mauricio pediu ajuda, pois estava tendo dificuldades de lidar com um dos chefes locais, que, segundo ele, era violento com as palavras e tentava a todo custo controlar a equipe da CSN. Quando soube dos problemas, decidi intervir. Seguindo minha filosofia de gestão por visitação, comprei uma passagem para a Coreia do Sul, levando comigo André Marcelo, meu gerente de Projetos Estratégicos, e Danielle Nascimento, gerente de Engenharia que receberia os equipamentos em Volta Redonda. Queria ver de perto o que estava acontecendo.

Como sempre, minha primeira ação foi observar. Como tinha poucos dias, elaborei um diagnóstico rápido da situação. Entrei no modo "aqui e agora", assisti a cenas do convívio entre as equipes e logo percebi duas barreiras culturais.

A primeira era mais contornável: o espírito brasileiro de "estamos juntos" estava gerando ruído. Os coreanos operam com uma estrutura extremamente hierarquizada e nossa equipe queria dar sugestões e chegar a consensos sobre como trabalhar. A certa altura, coloquei todo o time da CSN numa sala e pedi que não opinassem mais sobre o trabalho dos coreanos. Se eles queriam fazer da forma errada ou mais difícil, não era problema nosso. Ficaríamos calados, exceto em quatro situações: se impactasse o prazo de desmontagem, a qualidade, a segurança das pessoas ou o processo de importação. Escrevi esses quatro pilares no quadro e avisei que só exerceríamos autoridade se algum deles fosse impactado, reforçando que nesse caso atuaríamos de forma diretiva.

A segunda barreira era puro preconceito: tanto Mauricio quanto Danielle tinham dificuldade de se posicionar entre os coreanos, porque um é negro e a outra é mulher. Esse racismo e preconceito eu provavelmente não conseguiria combater naqueles seis meses de convívio, mas talvez conseguisse mudar o equilíbrio da gangorra com algumas táticas de jogos de status.

Concluí que precisávamos exercer um papel de autoridade com o chefe coreano de uma forma diferente. Logo que chegamos, depois de mais de trinta horas de voo, nós nos encontramos com ele e saímos juntos para jantar. Deixei que escolhesse o local: churrasco coreano. Ele não perdeu tempo e começou a nos testar, pedindo os pratos mais exóticos e apimentados, como uma maneira de nos intimidar. Mas comi sem pestanejar o *kimchi* (prato típico de vegetais fermentados), o sangue de porco cozido e até o caranguejo semicru que ninguém mais ousou tocar. Provei de tudo e ainda bradava: "Nossa, que delícia!". Passei também no teste do álcool. Detesto *soju*, o destilado típico coreano, mas o acompanhei nessa refeição. O primeiro round era meu.

Descobri também nesse jantar que o chefe coreano tinha o hábito de nadar. No Brasil treino todos os dias e me preparava para uma competição em águas abertas. "Onde você nada?", perguntei. Eu já tinha olhado as piscinas mais próximas do meu hotel, como sempre faço quando viajo, e ele me respondeu que frequentava justamente o clube de que eu mais tinha gostado. "Perfeito, amanhã às seis horas nos encontramos lá?", convidei, em modo de intimação. Ele me olhou cético, descrente de que eu treinaria no dia seguinte à minha chegada, alterado pelo fuso horário e pelas trinta horas de voo. Mas na manhã seguinte, lá estávamos nós. Entramos no vestiário, passamos na ducha, ajeitamos nossos equipamentos e mergulhamos. Pelo canto do olho, eu monitorava meu colega na raia ao lado. Depois de quinze minutos, ficou claro que eu nadava muito melhor do que ele. Segui meu treino até completar uma hora na piscina. Quando saí, ele já havia escapado para uma sessão de sauna e ofurô. Dois a zero!

Uma das cenas mais engraçadas se deu quando mais tarde, na volta a Seul, já com os problemas operacionais resolvidos, tentei andar lado a lado com ele. A noção de hierarquia lá é tão rígida que os coreanos se recusam a caminhar juntos na rua, como fazia o grupo de brasileiros. Um dia, me arrisquei. Destaquei-me dos brasileiros e apertei o passo para alcançar o chefe coreano. Quando cheguei ao seu lado, ele andou mais rápido. Fomos nessa gincana até estarmos os dois correndo pela calçada. Desisti e voltei! Mais atrás, minha equipe me perguntou: "O que estavas fazendo?", ao que respondi, rindo: "Tentando fazer amigos!".

Nas reuniões, como a equipe coreana mal falava inglês, coloquei-me no papel de juiz. Em dado momento, eles reclamaram do meu time e nesse assunto concordei com a posição deles. Foi o que bastou para começar uma explosão de conversas em coreano. Não entendíamos o que diziam, mas a expressão corporal deles mostrava um profundo desdém pela equipe brasileira. Adotei uma postura firme, olhei nos olhos do chefe e encerrei o caso: *"Yes is yes, end of story! Next point"* ("Sim é sim, fim de papo! Próximo ponto"). Não dava margem para ele dominar as conversas.

Enquanto isso, com os demais funcionários coreanos na fábrica, meu jogo era outro. Não criei uma dinâmica Nuno contra todos. Em relação aos subordinados, era mais amigável e até baixava o meu status para facilitar a criação de vínculo. Tanto que, depois que fui embora, a relação de Mauricio com a equipe coreana melhorou consideravelmente. Fizeram amizade e, em alguns momentos, chegavam até a fazer fofoca sobre o chefe para os brasileiros. Mauricio lembra: "Eu não estava entendendo no primeiro momento. Depois parei para analisar e percebi que aquilo tudo fazia parte de um grande teatro. Nada foi ao acaso. Desde o jeito como o Nuno cumprimentou as pessoas na fábrica até os elogios à comida apimentada eram parte de uma estratégia. Em um dos nossos últimos almoços, o coreano estava sentado na cadeira totalmente arrasado, como se tivesse levado uma surra. Ele saiu da postura arrogante. A partir daí, as coisas mudaram".

A prova de que o objetivo havia sido atingido veio durante uma reunião na qual o coreano confessou estar com medo de mim. "Você é muito poderoso", disse. Então, com minha autoridade estabelecida, no último dia o levei para jantar sozinho comigo. Eu havia ferido bastante o ego dele e precisava fazer um agrado. O interessante foi que eu havia comprado uma roupa que ficara meio grande e perguntei se poderia voltar à loja para trocá-la. Ele aceitou e, para minha surpresa, caminhamos juntos, lado a lado, sem correria, conversando como se fôssemos amigos de toda a vida. Na hora de ir embora, aproveitei uma última oportunidade para lembrá-lo da minha posição na gangorra: "Cuide das minhas pessoas ou eu voltarei!".

Os demais meses transcorreram sem dificuldades e o equipamento chegou em perfeito estado em Volta Redonda. Deu tão certo que, quando Mauricio finalmente retornou a São Paulo, convidei-o para se tornar gerente da Prada.

Tenho certeza de que, sem o teatro, eu chegaria na Coreia do Sul incapaz de fazer essa análise da situação, muito menos de conduzir os jogos de poder que pacificaram os atritos. Assim, faço minhas as palavras de Keith Johnstone:

> Não vejo por que um homem educado nessa cultura tem necessariamente que entender a segunda lei da termodinâmica, mas ele sem dúvida deveria entender que somos animais hierárquicos e que isso afeta os mínimos detalhes de nosso comportamento.[9]

Minha especialização no curso de engenharia mecânica foi termodinâmica aplicada. A segunda lei da termodinâmica, que basicamente dita que quando dois sistemas interagem a energia tende a se dividir por igual até alcançarem um equilíbrio termodinâmico, foi um dos conceitos científicos que mais me impactou durante a licenciatura. Não imagino como seria resistente à declaração de Keith à época, mas com a qual hoje concordo plenamente.

### Segurança psicológica e transformação cultural

Se nas empresas é feito um grande esforço para manter o ambiente controlado e minimizar possíveis erros, o modelo mental das artes é muito mais acolhedor com experimentações e "fugas" do script. Há uma diferença abismal de postura e penso que as organizações têm muito a aprender com as artes sobre isso.

Depois da minha experiência na transformação da Prada, estou certo de que liderar uma companhia a partir de uma abordagem semelhante à da direção artística, com ampla abertura para experimentação, é a chave para realizar uma mudança cultural eficaz. O maior grau de autonomia e o ambiente de tolerância ao erro têm um impacto positivo na criação de uma equipe de alta performance. Mas para ser capaz de transpor esse modelo mental para as empresas é preciso antes compreender como o teatro lida com o erro.

## CONCEITO COMPLEXO PARA EXECUTIVOS Nº 2 — O ERRO

No ambiente corporativo, vivemos em busca de erros, quase sempre aplicando punições quando os encontramos. Se os resultados não são satisfatórios, o mais comum é procurar culpados e sancionar os responsáveis. Antes mesmo do mestrado, ainda como aluno do Macunaíma, me deparei com a seguinte frase de Piers Ibbotson: "Não existem erros na arte, apenas coisas que não funcionam".[10]

Quando apresento esse conceito em conversas ou palestras, a polêmica rapidamente se estabelece. As pessoas me olham confusas, achando que estou sugerindo que sejam permissivas ou negligentes. Atores e diretores de teatro ambicionam, assim como funcionários e diretores de uma empresa, que seu trabalho tenha êxito e reconhecimento. No fim do dia, todos querem entregar um bom serviço ou produto. A diferença é como encaram o processo que os levará ao fim desejado.

Quem trabalha com artes assume que, uma vez estabelecidos os limites do projeto, há permissão total para liberar a criatividade. E o que são limites? São as condições iniciais dadas a um grupo de pessoas. Por exemplo, decidir que a peça a ser encenada é *Hamlet*, que o palco será o Theatro Municipal e que a data de estreia será dali a seis meses. A partir daí, são realizados exercícios e ensaios. Os atores experimentam formas de encenar seus personagens e de contracenar uns com os outros. O diretor os assiste e orienta. Acontecem iterações, há tentativas infrutíferas. Cada beco sem saída gera um aprendizado e o grupo rapidamente passa para um novo experimento, sem que as pessoas se estendam sobre o que exatamente deu errado. E assim seguem, até encontrarem a forma ideal, num espírito que de fato catalisa a criatividade. No teatro, começar algo que não resulta em nada é melhor do que simplesmente não começar.

Hoje acredito que esse ambiente de experimentação é fundamental para a inovação. Porém, nas empresas, acontece geralmente o contrário. A cultura de controle e punição inibe o potencial criativo das pessoas. Porque, ao castigar erros, acabamos por incentivar nossos times a esconder problemas ou a fazer o mínimo possível. Afinal, quem varre os assuntos espinhosos para debaixo do tapete ou opera pela cartilha conhecida evita entrar na mira do chefe.

Um grande obstáculo à experimentação nas organizações é o fato de que líderes costumam dar ordens detalhadas, em vez de estabelecer limites dentro dos quais as pessoas têm possibilidade de escolha. Ao controlar o detalhe e dizer exatamente o caminho a ser seguido, gestores acabam por dissipar o comprometimento e o entusiasmo de seus subordinados. Para facilitar o entendimento sobre o conceito, tomo emprestado um exemplo de Ibbotson: peça a um grupo de pessoas que caminhem coletando itens e depois retornem para transformar esses materiais na figura de um arco-íris. Aqui, os limites estabelecidos estão claros: a matéria-prima será aquela encontrada na natureza e o desenho final precisa ter forma de arco-íris. Mas dentro dessas fronteiras, há espaço para criar. Certamente os participantes construirão figuras diferentes o suficiente para motivar um debate sobre quem fez a representação mais fiel ou criativa. Agora imagine esse exercício feito em uma empresa. A tendência do líder será impor uma quantidade ideal de gravetos a coletar, suas dimensões, cores e até qual disposição deveriam ter no quadro final, castrando a imaginação e a diversidade.

O leitor pode argumentar que trabalha em um hospital, lidando com a vida de centenas de pessoas diariamente, e há muito mais em jogo do que construir um simples arco-íris. Ou que trabalha em um banco, sendo responsável pelo dinheiro que milhares de clientes confiaram à instituição. Ou na própria CSN, em que uma operação errada num alto-forno pode levar a uma explosão catastrófica. Porém, a experimentação também é possível nesses ambientes — basta ajustar os limites para que sejam pertinentes à atividade exercida. Se você quer desenvolver a cura para uma doença, precisará de limites que evitem erros catastróficos e perda de vidas.

Vale lembrar que o método científico é, em sua essência, um eterno processo de iteração. "Eu não falhei, encontrei 10 mil maneiras que não funcionaram" é a frase atribuída a Thomas Edison, inventor da lâmpada elétrica. Acontece que nas empresas evitamos os experimentos, pois somos obcecados em acertar. Queremos ir de A para B de uma vez, aumentando a eficiência, esquecendo-nos de que a distância mais curta entre dois pontos nem sempre é uma linha reta. Já no teatro um único erro é inaceitável: não ir ao ensaio.

Talvez o que mais se aproxime da mentalidade artística em relação ao erro nas empresas seja o que hoje conhecemos como "mentalidade de startup", que incentiva a experimentação. Evita planos de negócio de longo prazo, substituindo-os por hipóteses rapidamente testadas no mercado, enfatizando feedbacks e flexibilidade, aceitando erros não como fracassos, mas como aprendizado para corrigir a rota. Para navegar no mundo instável e imprevisível, as startups quebraram o padrão das empresas tradicionais de fazer planejamentos centralizados e orçamentos de cinco anos, aproximando-se da cultura teatral de aprender fazendo, num eterno ciclo de falhar e corrigir.

---

Na Prada, desde o dia em que soube da minha nova missão, uma coisa era certa: eu precisava revolucionar o clima da organização. Lá também havia uma dificuldade enorme de lidar com erros. As pessoas eram especialistas em esconder crises e torturar a realidade até que números e apresentações falassem o que os chefes queriam ouvir. Em vez de disputar os louros pelos bons resultados, os líderes disputavam a isenção de responsabilidade pela situação em que se encontrava a empresa. Era urgente mudar essa dinâmica.

Àquela altura, eu já tinha aprendido algo sobre o modelo mental das artes e buscava viver mais pela filosofia de que não existem erros, apenas coisas que não funcionam. Simultaneamente, na minha pesquisa no mestrado, estava me aprofundando no conceito de segurança psicológica popularizado pela norte-americana Amy Edmondson, professora de liderança da Harvard Business School.[11] Ela descobriu que uma das características que equipes de alto desempenho têm em comum é a liberdade para compartilhar erros e tratá-los sem sofrer consequências.

Edmondson chegou a essa conclusão durante seu ph.D. de forma acidental. Na década de 1990, ela estava participando de um trabalho com enfermeiras e médicos para descobrir qual era a taxa de erros de medicação em alguns hospitais. Sua função era entender se as melhores equipes falhavam menos. Ao rodar as análises, no entanto, os resultados foram o oposto do que ela esperava: as melhores equipes cometiam mais erros.

Após Edmondson refletir sobre os dados, surgiu uma nova hipótese: talvez as melhores equipes não falhassem mais, apenas estivessem mais dispostos a falar sobre isso. Então, ela estruturou uma nova pesquisa e descobriu que havia diferenças significativas nas crenças das pessoas sobre as consequências de relatar problemas com as medicações. Em algumas equipes, os membros os reconheciam abertamente e discutiam maneiras de evitar sua recorrência; em outras, mantinham o erro para si mesmos. "Erros são sérios, por causa da toxicidade dos medicamentos — então você nunca tem medo de contar ao gerente de enfermagem", contou uma enfermeira de uma equipe que pertencia ao primeiro grupo. "Você é levado a julgamento! As pessoas são culpadas por erros. Você não quer cometer um", disse outra, de uma equipe que pertencia ao segundo grupo.

A segurança psicológica é justamente a crença compartilhada pelos membros de uma equipe de que podem assumir riscos interpessoais. O termo não pretende sugerir um senso descuidado de permissividade, nem um afeto incessantemente positivo, mas sim um senso de confiança que dê a cada um a certeza de que seus pares não envergonharão, rejeitarão ou punirão aquele que se posicionar.[12]

Timothy Clark, antropólogo organizacional, trabalhou a partir do conceito de Edmondson para explorar como criar um ambiente de segurança psicológica. Ele aponta em seu livro *Os 4 estágios da segurança psicológica* que um ambiente seguro é aquele em que a vulnerabilidade é recompensada.

As ideias de Edmondson ganharam popularidade a partir de 2012, quando a gigante de tecnologia Google conduziu o Projeto Aristóteles, com o objetivo de identificar os segredos de uma equipe eficiente. O nome foi uma homenagem ao filósofo grego, que afirmou que "o todo é maior que a soma das partes". A conclusão foi que a segurança psicológica é um componente-chave de times de sucesso.

Essas descobertas reforçam que a gestão pela punição e pelo medo como ferramenta para modelar o comportamento dos funcionários deveria estar com os dias contados. Existe um paradigma que considera um nível moderado de temor entre os funcionários benéfico para a produtividade, talvez fruto da influência que as empresas tiveram do modelo de organização militar, altamente hierarquizado, sobretudo depois da Segunda Guerra Mundial. Porém, minha experiência já me dizia que esse não era o melhor caminho — e as conclusões de Edmondson e do Projeto Aristóteles confirmaram esse sentimento. O clima generalizado de medo impede a comunicação transparente e destrói a iniciativa, inibe a criatividade, sufoca a inovação e aniquila a confiança nos gestores.

Muito bonito no papel, mas criar esse clima exige esforço! Isso porque admitir erros, pedir ajuda, buscar feedback e compartilhar informação dentro de organizações costuma ser associado a incompetência ou fraqueza. A ironia é que são justamente essas atitudes que levam ao aprendizado coletivo, ao ciclo virtuoso de se adaptar e evoluir, fundamental para navegar em ambientes cheios de mudanças, incertezas e complexidades como é a maioria das empresas do século XXI.

Munido do meu feeling sobre a importância de um novo modelo de gestão, amparado pela minha experiência no teatro e por pesquisas acadêmicas, cheguei na Prada pronto para promover uma mudança cultural pautada pela segurança psicológica, tolerância ao erro e ampla abertura para a experimentação — me contrapondo assim à visão organizacional de inspiração militar e seus modelos de comando e controle. Feito o diagnóstico da cultura vigente, tomei algumas iniciativas:

SUPERTAREFA

Primeiro, inspirado pelo sistema Stanislavski de treinamento de atores, estabeleci uma "supertarefa". Esse é um conceito específico do teatro que traz à consciência o propósito do trabalho e motiva todos os envolvidos. Quando uma equipe se junta para preparar a apresentação de uma peça, pode haver inicialmente diversos interesses, até porque uma única obra permite expressar várias mensagens dependendo da maneira como é interpretada. A "supertarefa" dá ao grupo um senso comum daquilo que é mais importante, daquela que será a principal missão — ainda que outros objetivos sejam atingidos no processo. Transpondo o conceito para o mundo corporativo, é o equivalente ao propósito do grupo: o valor que será criado para além das entregas objetivas.

No caso da Prada, eu queria deixar claro que não estávamos ali simplesmente para consertar a empresa. Divulguei a "supertarefa" na primeira reunião de planejamento estratégico, registrando no slide de abertura: "O objetivo dessa nova equipe é reestruturar por completo a empresa de forma que ela seja reconhecida como um modelo de gestão dentro do grupo CSN, operando nos melhores níveis de benchmark da indústria". Eu queria que nos tornássemos um exemplo de equipe capaz de promover esse *turnaround* extremamente desafiador. Ou seja, faríamos mais do que simplesmente reverter o prejuízo, diminuir os acidentes e cuidar da empresa. Ainda que tudo isso acontecesse, o propósito maior era sermos referência em transformação. Isso colocava nossos obstáculos em perspectiva: se desejávamos ser modelo de *turnaround*, encarar uma empresa cheia de problemas não era tão ruim assim — quanto maior fosse a diferença entre o antes e o depois, melhor seria para a nossa história.

## DISSEMINAÇÃO DA SEGURANÇA PSICOLÓGICA

No final de 2020, apliquei os questionários do Projeto Aristóteles[13] à equipe gerencial. "Ao fazer o diagnóstico começamos a pensar sobre segurança psicológica, um assunto que não conhecíamos. No meu time, passamos a discutir e a valorizar essa questão, trabalhando para deixar o ambiente mais agradável e efetivo", conta meu gerente André Marcelo. Com os resultados em mãos, realizamos algumas mudanças, como promover a participação das gerências intermédias nos fóruns de planejamento estratégico.

Em relação à disseminação da segurança psicológica, precisei ficar atento à criação de um ambiente acolhedor, mas que não perdesse o foco em resultados. Minha experiência me mostrou que não adianta haver harmonia entre as pessoas e um clima de estagnação, algo que o autor e consultor de negócios Patrick Lencioni chama de harmonia artificial.[14] Para manter o alto desempenho é importante conduzir discussões construtivas sobre temas relevantes.

Como resume a figura a seguir, quando há baixa segurança psicológica e baixa pressão por performance, estabelece-se um clima de apatia. Quando há baixa segurança psicológica e alta pressão, o resultado é ansiedade. O quadrante que enfrentei por um breve período na Prada foi o de alta segurança psicológica, mas baixa pressão. Depois de reformular e integrar a equipe e colher os primeiros resultados, o moral ficou alto rápido demais e entramos numa zona de conforto que não se justificava diante dos muitos desafios que ainda tínhamos a vencer. O quadrante ideal, claro, é o de aprendizagem e performance.

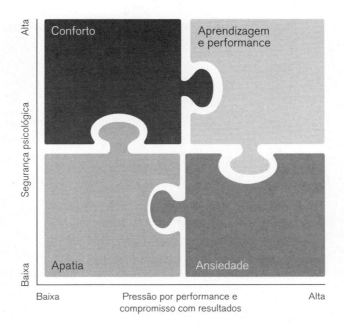

O trabalho de divulgação conceitual é importante, mas pode nos levar a uma estagnação no quadrante de "conforto". No nosso caso, detectei que faltavam processo e governança que garantissem o resultado. Para sairmos da harmonia artificial, implementamos em 2023 reuniões diárias batizadas de Cadeia de Ajuda e Gestão Operacional, nas quais as pessoas apresentavam as dificuldades do dia a dia e podiam acessar todos os níveis de liderança. Com duração máxima de trinta minutos e presença de cerca de 35 líderes, revisamos todas as anomalias de segurança, qualidade e atendimento de sete plantas e linhas de produção. É o fórum onde conseguimos que todos falem abertamente sobre as anomalias que acontecem sob sua responsabilidade e expliquem o que estão fazendo para tratar o ocorrido. Meu papel nessas reuniões é conduzir a liturgia da abertura e encerramento da reunião e observar. Minhas intervenções são raras, e apenas quando vejo que o gestor não está em condições de resolver o problema sozinho escalo outras funções para apoiar e monitoro o resultado no dia seguinte. Só assim conseguimos, como equipe, trazer os problemas com transparência.

Um dos fatores mais importantes para o bom funcionamento de uma organização ou equipe é a forma como são comunicadas e tratadas as anomalias. No livro *Gerenciamento da rotina do trabalho do dia a dia*, o consultor brasileiro Vicente Falconi explica estruturadamente como implantar os procedimentos para que o fluxo de comunicação e tratamento de anomalias funcione. Uso os ensinamentos do professor Falconi desde minha chegada ao Brasil e muitas vezes associava o insucesso de implantações de seu método à deficiência dos treinamentos ou à falta de processos. Quando cheguei à Prada, descobri que pode não ser esse o caso. Sem o estabelecimento de um nível adequado de segurança psicológica as equipes sabotam a divulgação de anomalias para se protegerem. Um teste que hoje aplico nos meus trabalhos é identificar quais são os apelidos dados às anomalias na organização — sinônimos para se referir a problemas. Quanto mais depreciativos são (como "cagada", "burrada", "bo" e "asneira"), mais difícil é que elas sejam reportadas e consequentemente tratadas.

## DIVULGAÇÃO DE VALORES, PILARES E PRINCÍPIOS

No primeiro ano de gestão, estabelecemos quatro valores para guiar as práticas, decisões e interações da Prada: RESPEITO, SEGURANÇA, EXCELÊNCIA OPERACIONAL e FOCO NO CLIENTE.

Ao fim de três anos, conseguimos que o valor RESPEITO estivesse plenamente implantado, podendo considerá-lo como valor fundamental da Prada pelo referencial de Patrick Lencioni no livro *Os 5 desafios das equipes*. Tivemos progressos significativos no valor SEGURANÇA e evoluímos em EXCELÊNCIA OPERACIONAL e FOCO NO CLIENTE, mas em 2024 ainda não podíamos considerá-los completamente implantados, portanto os tratamos como valores aspiracionais — para medir o nível de adesão, trainees que passam uma semana nas unidades da Prada realizam uma avaliação independente.

Outra ação bastante simbólica foi a divulgação de um cartaz, reproduzido a seguir, sobre os pilares da transformação organizacional, que espalhamos pelas salas da Prada.

## TRANSFORMAÇÃO ORGANIZACIONAL

LUCRO · HIERARQUIA · CONTROLE · PLANEJAMENTO CENTRALIZADO · INFORMAÇÃO EM SILOS

## UMA NOVA FORMA DE PENSAR

PROPÓSITO · EMPODERAMENTO · TRANSPARÊNCIA · TRABALHO EM REDE · EXPERIMENTAÇÃO

Quando lançamos o cartaz, os gestores de primeiro nível também publicaram uma cartilha, escrita sem a minha participação, sobre as mudanças que estavam acontecendo. Nela havia um trecho especialmente emblemático, que reflete traços da ética do teatro como o trabalho coletivo, a experimentação e um claro propósito coletivo:

> Cada vez mais a participação de todos é valorizada na transformação organizacional da nossa empresa, onde o objetivo principal deixa de ser o lucro a qualquer custo e passa a ter o propósito de agregação de valor, com uma nova forma de pensar: produção com qualidade, sem refugo, com mais experimentação, aumento de participação no mercado, novos produtos e com a valorização das pessoas.

Em 2022, foram necessárias novas intervenções para acompanhar o aumento dos desafios corporativos. Naquele ano, o mercado de embalagens metálicas estava mais incerto, com queda na demanda, e ao mesmo tempo lidamos com uma nova aquisição: animada pelos resultados que estávamos atingindo na Prada — revertendo o prejuízo, diminuindo as perdas, aumentando a produtividade e reduzindo os acidentes —, a CSN adquiriu a Metalgráfica Iguaçu, então nossa principal concorrente no segmento de alimentos. Tudo isso enquanto ainda vivíamos o processo de transformação cultural, com a equipe ainda em fase de conhecimento mútuo e de geração de alianças. Fiquei alerta para continuar fomentando o clima de criatividade, inovação, tolerância ao erro e segurança psicológica.

Para reforçar os objetivos de transformação cultural, a equipe criou um documento, compartilhado com todos os colaboradores da empresa, com dez princípios que complementaram os já divulgados pilares da transformação organizacional. Intitulado "Nossas Poucas Grandes Regras", estabeleceu "mandamentos" para o time da Prada, como "Pergunte o porquê", assumindo que todos têm o direito de saber o motivo de estarem fazendo algo, e "Esteja no *Gemba*", definindo que os problemas devem ser analisados onde eles acontecem e com quem está envolvido nos processos.

Especialmente nessa etapa do processo de transformação cultural e disseminação de segurança psicológica, empreguei a ferramenta do *storytelling*. A divulgação dos valores e princípios da Prada fez parte de uma estratégia maior de dar transparência a nossa visão e a nossos objetivos. Por meio dessa grande narrativa, eu quis mobilizar o time para a missão de reerguer a companhia, engajando o grupo numa tarefa que só seria cumprida se trabalhássemos de maneira cooperativa.

### NOVO TREINAMENTO BASEADO NO TEATRO

O acesso em massa à vacina contra a covid-19 e o início do abrandamento das medidas de distanciamento permitiram retomar as atividades presenciais utilizando a arte do teatro. Voltei a contatar a professora Tejas e construímos um programa de treinamento continuado para meus gestores diretos. Lembro-me bem do segundo encontro, que contribuiu com uma fresta na tensão em que a equipe se encontrava, após uma assembleia de trabalhadores em que as propostas da administração estavam sub judice — sempre um momento tenso numa fábrica. O evento focou na consciência de si mesmo como preparação para o encontro com o outro. Criamos um tempo para cada um olhar para si, respirar e prestar atenção no entorno e nas circunstâncias, fatores primordiais para empreender ações criativas diante de conflitos.

Confesso que, para mim, o treinamento na Prada não foi tão bem-sucedido quanto os anteriores. O grupo era pequeno e as pessoas não se entregaram como no de Vendas Especiais e no de Carreira e Sucessão. Agendas individuais e paralelas acabaram por sabotar algumas dinâmicas. Contudo, tanto a professora Tejas quanto os participantes tiveram uma impressão mais otimista que a minha.

Fabiana Lopes, responsável pelo RH, participou pela primeira vez de um treinamento com as técnicas do teatro. Como seus colegas em 2019, estranhou o pedido para usar roupa confortável, imaginando o que aconteceria durante o encontro. Mas rapidamente entendeu que seria o momento mais descontraído da semana. "Um dia nos sentamos no chão para jogar um jogo. Pensei: Nossa, fazia muito tempo que eu não me sentava para jogar um jogo! Isso com certeza nos tirou de uma zona de conforto", conta. Apesar da diversão, de início ela teve dificuldade de enxergar como levaria aquelas dinâmicas para seu dia a dia. "Mas com os feedbacks da Tejas comecei a observar mais minha postura, a entender que o corpo fala. Fui aplicando em reuniões e aprendi sobre a importância de olhar nos olhos e prestar mais atenção no outro", diz. Para ela, também foi uma oportunidade de enxergar seus colegas gestores de forma diferente. "Em uma das atividades, tínhamos que trazer algo nosso que fosse simbólico. A Ellen trouxe uma medalha de Nossa Senhora Aparecida. Apesar da nossa convivência diária, eu não conhecia esse lado dela, de muita fé", lembra. Em 2024, enquanto eu escrevia este livro, Fabiana voltou a falar sobre o impacto daquele treinamento durante uma reunião. Causou-me espanto que uma atividade que na minha avaliação ficou aquém do esperado tenha sido tão marcante para ela — uma surpresa positiva.

Para Tejas, esse grupo da Prada foi o mais resistente, diferente dos que havia coordenado antes da pandemia. Para criar frestas no sistema e enfrentar os desafios do grupo, ela criou estratégias para acessar outras inteligências para além da racionalidade.

Não eram exatamente técnicas teatrais, mas linguagens diferentes daquelas comuns no mundo corporativo. Um dia, levei baralho e coloquei todo mundo para jogar Porco. Foi um marco, porque eles chegaram armados e depois baixaram as resistências. Eu me lembro até de conversar com o Nuno sobre fazer uma ponte entre o jogo e as necessidades da empresa, mas decidi que não teria metáfora alguma, porque naquele momento só precisávamos relaxar os ânimos.

Apesar da minha frustração com os resultados desse treinamento, foi mais um convite aos gestores para percorrerem uma jornada de desenvolvimento e se entregarem à "supertarefa" proposta. No ano seguinte, eu faria mais uma grande mudança na equipe, desistindo dos "artistas da lata", aos quais me referi anteriormente no capítulo, para formar o time que levou a Prada ao seu melhor desempenho histórico. Fabiana e Ellen permaneceram comigo e sem dúvida carregam consigo o aprendizado do treinamento.

E se esse último treinamento não foi tão bem-sucedido, também devo aderir à máxima do teatro e aceitar que algumas experiências não funcionam como esperado. Felizmente, todas as outras aplicações do teatro à transformação cultural na Prada tiveram considerável êxito: aumento da tolerância ao erro, criação de segurança psicológica, liberdade para experimentação, incentivo ao trabalho coletivo e propósito compartilhado através da "supertarefa" nos ajudaram a transformar a Prada de patinho feio em cisne. Demonstramos a viabilidade do negócio, extinguimos a hipótese de fechar a empresa e passamos a contribuir para o resultado da CSN como um todo.

### Resultados

Os resultados que a empresa apresentou de 2020 a 2024 foram muito gratificantes, alcançando níveis inesperados. A transformação da Prada teve várias etapas, e, olhando para trás, percebo que em cada uma delas pude ter um desempenho melhor graças ao conhecimento sobre as artes cênicas. O apoio do acionista e as condições de mercado no início foram de grande ajuda, mas estou certo de que a abordagem gerencial guiada pela metáfora da empresa como teatro foi fator determinante. As ações inspiradas na experiência de palco e na pesquisa do mestrado em muito contribuíram para o ânimo, a energia e a iniciativa das pessoas que navegaram comigo.

A primeira grande conquista foi construir o ensemble no grupo e dissipar o temor inicial de que a empresa seria fechada, resultando na demissão de todos os funcionários — uma lufada de entusiasmo que impulsionou os passos seguintes.

Depois vieram os resultados numéricos. A primeira meta foi atingida ainda em 2020, com a recuperação do resultado financeiro da empresa e a liquidação dos saldos devedores com a csn. Em 2021, com grande ajuda do mercado, a empresa obteve uma margem Ebitda positiva. Mesmo com os altos e baixos no mercado de embalagens metálicas que nos pressionaram na sequência, mantivemo-nos firmes na trajetória de crescimento e garantimos que a Prada saísse da lista de preocupações da presidência da csn.

Destaco também a mudança de elenco. Foram muitos ajustes no time, mas em 2023 enfim chegamos a um grupo de pessoas realmente integrado, dispostas a melhorar a si mesmas e a trabalhar em conjunto. Essa nova configuração selou a mudança cultural que estávamos promovendo desde o início, cujos frutos demoraram a ser colhidos, mas certamente serão mais duradouros do que qualquer resultado trimestral.

---

**O QUE DIZEM OS LÍDERES DA PRADA**

"Cheguei na Prada sem saber nada sobre latas e tive espaço para aprender. No começo era difícil. Como vou dizer para o diretor que não sei? Vai parecer que sou incompetente. Depois percebi que isso não era um problema. Eu podia buscar a resposta depois. Também aprendi a levar problemas para a diretoria. Segurança psicológica é poder falar dos problemas, relatar as dificuldades, pedir ajuda. Poder perguntar onde eu tenho que melhorar. E saber que, se alguém criticar a minha equipe, não é por maldade ou para puxar meu tapete, é para o melhor da empresa. Hoje temos um relacionamento muito saudável entre os gestores e com os clientes." — Ellen Braga, gerente comercial da Prada.

"Lembro de quando o resultado ficou ruim porque minha equipe deixou de fazer algumas tarefas de rotina. O Nuno apenas me perguntou: E o que você vai fazer em relação a isso, para não acontecer de novo? É tão transparente que assusta no primeiro momento. Mas hoje ensino minha equipe a usar isso a nosso favor, porque nunca na carreira consegui saber o que o meu diretor esperava de mim com tanta clareza." — Roberta Braga, gerente de administração e controle da Prada.

"Antes, o RH da Prada era uma área que apenas tirava pedidos, que gerenciava a rotina. Nos últimos anos, resgatamos um protagonismo. Se você teve uma ideia, vai lá e faz. Hoje sinto que tenho voz nas reuniões e que as pessoas me respeitam. Aprendemos que errar faz parte do nosso crescimento. Uma vez, enviei por e-mail um relatório com informações confidenciais. É o tipo de erro que leva a questionamentos severos. Isso foi numa sexta-feira. Passei o final de semana sem dormir. No domingo, liguei para meu gerente e para o funcionário da TI para explicar o que havia feito e pedir ajuda. Liguei também para o Nuno e ele me orientou com a maior calma do mundo. Quando terminou de dizer o que eu deveria fazer, ele me mandou descansar e aproveitar meu domingo. Resumindo: errei, avisei e tomei as medidas necessárias. No domingo mesmo já dormi mais tranquila, na segunda-feira não vazou qualquer informação e sigo até hoje trabalhando na Prada." — Fabiana Lopes, coordenadora de Gente e Gestão da Prada.

---

### Enfim, mestre

Não posso deixar de mencionar também o quanto me senti realizado por defender meu trabalho de mestrado no meio desse caminho, em 2022. A primeira fase de transformação na Prada aconteceu ao mesmo tempo que eu participava das aulas no Célia Helena e elaborava minha pesquisa. Se a experiência como aprendiz de teatro já havia me trazido insights relevantes, o processo teórico do mestrado me ajudou a entender melhor os mecanismos das artes cênicas e a formular uma nova abordagem para a liderança. Agora, eu era oficialmente um pesquisador do tema.

Em 16 de agosto, fui avaliado pela banca de defesa. A apresentação foi transmitida por videoconferência e convidei todos os meus colegas da CSN e funcionários da Prada para assistirem. Estava orgulhoso do resultado e queria compartilhar meu aprendizado com as pessoas que haviam participado daquela história.

Eu havia sido provocado pelas minhas professoras e orientadora durante dois anos sobre a importância de o mestrado profissional ter uma conexão intrínseca com o meu dia a dia, gerando um produto final que reverberasse no mercado de trabalho. Busquei traduzir o que havia aprendido para que outras pessoas pudessem aplicar em seus contextos organizacionais — e que mais tarde decidi aprofundar neste livro.

Durante esse processo de pesquisa, ficou claro para mim que a temática da liderança é assunto permanente em nossa sociedade e sua investigação é intensa em escolas de administração, mas são raros os trabalhos que discutem e organizam o potencial disponível no teatro, suas técnicas e conceitos para promover o desenvolvimento de líderes e suas equipes ou transformações organizacionais. Assim, direcionei minha investigação conceitual para a relevância da arte do teatro para a liderança, conectando sua aplicação com meus desafios reais. Além de falar sobre a reestruturação da Prada, detalhei como o teatro me levou à criação de um emblemático projeto social na CSN.

> **Na prática: Garoto Cidadão**
>
> Pouco antes de eu conhecer o universo do teatro, uma outra iniciativa já me dava indícios sobre o valor formativo da arte. Em 2015, conheci o Garoto Cidadão, um projeto sociocultural da Fundação CSN — braço social da companhia. Criado no início dos anos 1990, está presente em várias cidades onde a CSN atua, atendendo jovens de nove a dezoito anos em condições de vulnerabilidade. A partir da crença de que a expressão nas artes e na cultura fortalece e

impulsiona a formação da cidadania, as unidades do Garoto Cidadão oferecem atividades como música, dança, artes visuais e teatro durante o contraturno escolar.

Descobri o Garoto por acaso, ao ser convidado para falar de minha trajetória para um grupo de participantes que fazia uma visita ao escritório da CSN na Faria Lima, em São Paulo. Quando entrei na sala, o que eu sabia sobre o projeto e a história daqueles jovens se resumia ao curto briefing que recebera cinco minutos antes. Confesso que fiquei envergonhado por desconhecer essa valorosa iniciativa, pois já trabalhava na empresa havia cinco anos. Encerrei a conversa prometendo para mim mesmo que tiraria o atraso, visitando cada unidade do Garoto — e assim fiz nos meses seguintes.

Naquele momento, eram 1500 jovens atendidos em cinco cidades: Arcos (MG), Congonhas (MG), Volta Redonda (RJ), Itaguaí (RJ) e Araucária (PR). Em todas as unidades, fui muito bem recebido, tanto pelos educadores quanto pelas crianças e adolescentes. Apaixonei-me pela iniciativa, inclusive porque me identifiquei pessoalmente com os garotos. Apesar de nunca ter partilhado o nível de pobreza que enfrentam, a infância deles é muito mais parecida com a que tive do que com a que ofereci às minhas filhas. Ficar até tarde na rua, brincar com materiais improvisados, partir para a briga física com os colegas de bairro... Ouvir as histórias me remetia aos tempos distantes nas Caldas da Rainha. O resultado foi que transformei essas visitas num hábito, estimulei outros executivos a seguirem meu exemplo e acabei me aproximando muito das lideranças do Garoto.

Em 2017, levei minha filha mais velha, na época com quinze anos, para conhecer Volta Redonda, mirando dois objetivos. Primeiro, queria que ela conhecesse a Usina Presidente Vargas. Quando criança, eu visitara a antiga Siderurgia Nacional em Setúbal, Portugal, e o espetáculo de fogo e grandiosidade industrial ficou marcado na minha memória — portanto, desejava proporcionar a ela experiência semelhante. Segundo, queria levá-la ao Garoto Cidadão para conhecer uma realidade diferente daquela em que havia crescido — circulando nos bairros mais nobres de São Paulo e estudando numa prestigiada escola bilíngue. Senti essa necessidade durante uma conversa na qual discutimos sobre meritocracia. Pareceu-me que seu posicionamento estava muito influenciado pela visão limitada e pela falta de perspectiva do ambiente em que convivia. Deu certo. A interação no Garoto rendeu amigos que ela mantém até hoje e introduziu um elemento de dúvida e perspectiva em sua visão sobre meritocracia, especialmente quando refletimos sobre quantos brancos frequentavam o projeto em Volta Redonda e quantos colegas negros ela tinha no colégio. Porém, essa viagem teve uma terceira consequência não planejada e muito transformadora.

Quem coordenou a acolhida da minha filha no Garoto durante aqueles dias foi a educadora Alexandra Custódio. Ainda não nos conhecíamos, mas quando voltei para casa mandei a ela uma mensagem de agradecimento e começamos a conversar mais sobre o projeto. Alexandra me contou sobre a dificuldade de colocação profissional dos jovens participantes quando encerravam sua jornada no Garoto ao completar dezoito anos. Ela sabia que eles tinham limitações relevantes, como uma grande distorção idade-série, e que havia um abismo entre o histórico acadêmico desses jovens e o perfil buscado pelos programas de aprendiz da CSN. Mas sonhava em colocar "seus meninos" dentro da companhia, pois Alexandra é filha e neta de ex--colaboradores e sabia como essa oportunidade poderia abrir portas. Fiz a pergunta que sempre me ocorre nessas ocasiões: Como posso te ajudar? Ela respondeu que precisava de apoio para capacitá-los.

Fiquei com o assunto martelando em minha cabeça. Alexandra tinha razão. Não deixava de ser um absurdo que pessoas assistidas por uma iniciativa da CSN durante toda a infância e adolescência não tivessem oportunidade em uma companhia que contratava centenas de funcionários por ano. Fui conversar com colegas do RH para entender melhor onde estavam os gargalos. Eles confirmaram que a formação era uma barreira. Também me explicaram que a decisão de contratação cabia ao gestor de cada área que receberia o aprendiz e que, ao fazer as avaliações, os egressos do Garoto não eram percebidos como competitivos. Conforme se aprofundava a discussão, ficou claro para mim quão mal preparados os garotos estavam para buscar qualquer emprego formal. Não tinham currículo, desconheciam os códigos de vestimenta de uma empresa formal, nunca haviam sido treinados para participar de uma entrevista e nem sequer sabiam os caminhos para pesquisar oportunidades de emprego.

Ouvi de um coordenador do Garoto uma história que me chamou a atenção: para uma das participantes, o exemplo de sucesso em sua família era uma tia cobradora de ônibus. O motivo? Era a única parente que tinha carteira assinada, férias pagas e direito a cesta básica mensal. Muitos beneficiados pelo Garoto Cidadão são criados por mães solo, muitas delas trabalhando como empregadas domésticas ou fazendo bicos no mercado informal. É comum que familiares estejam envolvidos com o tráfico de drogas. Entendi que talvez o referencial CSN ainda fosse muito distante. Mas não desisti da vontade de apoiar esses jovens a conseguir um trabalho formal. Alexandra insistia: era preciso romper os paradigmas e apresentar novas referências aos adolescentes. Um segundo motivo me levava a querer apoiá-los: apesar das lacunas no ensino básico, eu via neles um potencial desenvolvido nos anos de contato com as artes que ainda não conseguia expressar em palavras, mas sabia que poderia fazer com que se destacassem.

Surgiu então a ideia de um programa de mentoria colocando gestores da CSN para apoiar os garotos na sua transição para o mercado de trabalho. Mesmo que não fossem contratados para a companhia num primeiro momento, estariam mais bem preparados para buscar um emprego e teríamos o benefício indireto de aproximar nossos funcionários daquele projeto tão relevante.

Para movimentar os envolvidos e tirar a ideia do papel, promovi reuniões tripartidas entre gestores da Fundação CSN responsáveis pelo Garoto Cidadão, profissionais do RH da CSN e representantes do grupo de diversidade e inclusão da companhia. No entanto, falhei em aproximar as partes. Havia muitas diferenças entre o RH e o grupo de diversidade, especialmente porque este último insistia na reivindicação de cotas para negros no programa de estágios da CSN. Não era a discussão em pauta, mas, sempre que esses dois interlocutores se aproximavam, a conversa divergia para esse tema. Minha ideia foi perdendo força. Desisti de vez quando soube que algumas pessoas haviam rotulado o projeto de mentoria de assistencialista, como se o foco fosse mais permitir aos mentores exercerem um ato caridoso do que ajudar os garotos. Entendi que havia feito alguma leitura equivocada e gerado ruídos que prejudicaram a comunicação. Restou-me hibernar o projeto.

Em 2020, comecei o mestrado no Célia Helena. O contato com meus colegas de turma teve o inesperado benefício de me levar a um estado de maior porosidade às questões da diversidade. Compreendi melhor a complexidade e os matizes de opinião dos grupos envolvidos nessas problemáticas, a linguagem utilizada, suas referências. Refleti sobre meu insucesso no projeto de mentoria e concluí que não havia feito um trabalho de escuta com o grupo de diversidade.

Em 2021, a CSN contratou um gerente de diversidade e inclusão. Fui me aproximando do novo colega e compartilhei minhas ideias, que dessa vez foram muito bem recebidas. Senti que havia enfim um "colchão" de institucionalidade para progredir. Foram criados um grupo de trabalho para colocar o projeto em funcionamento e um comitê de acompanhamento de implementação, no qual eu atuava como patrono. Para minha surpresa, deu certo. Logo no primeiro ciclo de divulgação, 150 funcionários da CSN se inscreveram para serem mentores e 51 jovens do Garoto participaram.

Os resultados dessa primeira turma foram extraordinários: 84% dos garotos foram contratados pela própria CSN. A formatura do programa foi um final apoteótico, com discursos emocionados de todos os envolvidos. Tenho certeza de que o projeto aumentou de forma expressiva a empregabilidade dos participantes e representou uma reversão definitiva das perspectivas profissionais de cada um e de sua renda futura.

Em 2024, o projeto de Mentoria iniciou seu quarto ciclo, com uma fila de espera de uma centena de gestores que aguardam sua vez para contribuir com o projeto. Nesse mesmo ano, a CSN tinha 77 jovens de edições anteriores ainda trabalhando na companhia, número que representa metade do total de participantes.

Ao longo do tempo, conversando com os mentores, percebi que todos haviam se surpreendido com as condições de vida e a luta diária dos egressos do Garoto. Compreenderam quão relevantes eram as ações para dar o mínimo de oportunidades a quem nasceu sem nenhuma. Mas um outro ponto que surgiu nas conversas me chamou a atenção: as artes, que eram a força desses jovens, haviam tocado profundamente meus colegas. Alguns passaram a acompanhar as atividades artísticas de seus mentorados. O projeto, de forma inesperada, se transformou num "cavalo de Troia" para a entrada das artes na organização.

Então, decidi dar um passo ainda mais ousado. Conversando com Lígia Cortez, minha orientadora do mestrado, tivemos a ideia de fazer um projeto conjunto entre a CSN, a Fundação CSN e a Escola Superior de Artes Célia Helena (ESCH). Ela comentou que a ESCH oferecia algumas bolsas de estudo para sua graduação em teatro e poderia dedicar algumas vagas a participantes do Garoto Cidadão. Fiquei pensando em como articular essa oportunidade com meu trabalho na Prada. Junto com a Fundação, decidimos selecionar três jovens do Garoto vocacionados para as artes cênicas para realizar sua formação em São Paulo, combinando o curso com um estágio na Prada. À noite, frequentariam as aulas e, durante o dia, trabalhariam na fábrica de Santo Amaro, tendo também a oportunidade de seguir uma carreira corporativa, caso se identificassem com essa trajetória. Para viabilizar a vinda desses jovens para São Paulo, financiaríamos sua moradia e eles receberiam o salário e todos os benefícios de estagiários da CSN. Era um projeto complexo, caro e inédito, mas arrisquei minha reputação para implementá-lo.

No início de 2022, divulgamos o projeto entre os educadores do Garoto Cidadão, que comunicaram os potenciais interessados. Na primeira etapa do processo, os jovens se apresentaram gravando um vídeo de dois minutos. Também passaram por entrevistas com a equipe da Fundação CSN e com professores do Célia Helena. Selecionamos seis finalistas para a última etapa, que incluía participar de aulas on-line da ESCH. Avaliando o desempenho, definimos os três que vieram para São Paulo: Ana Paula Semião e Junior Padovani, ambos da unidade de Congonhas, e Maria Eduarda Oliveira Souza, da unidade de Volta Redonda. Todos vibraram com a notícia e aceitaram as condições do programa, desembarcando em São Paulo em julho daquele ano. Em agosto, iniciaram as aulas presenciais e, em setembro, começaram o estágio na Prada. Com histórias diferentes, os três tinham em comum a paixão pelo teatro e o desejo de pavimentar um caminho menos sofrido que o de suas famílias.

Para Ana, Junior e Dudda, a arte já havia transformado a maneira de se posicionarem no mundo, ajudando-os, por exemplo, a lidar com a timidez. "Eu não conseguia me enturmar, conversar, e com o teatro fui me abrindo, destravando essas amarras que eu tinha", diz Ana. "O teatro me deu voz para me posicionar, me deu muita liberdade de expressão", diz Dudda. Também foi por meio do teatro que eles lidaram pela primeira vez com questões raciais e de gênero. Ana aprendeu a se reconhecer como pessoa preta e a melhorar sua autoestima a partir disso. Junior se sentiu acolhido para assumir sua homossexualidade. Mas, para além dessas batalhas individuais, minha tese de como o teatro poderia fazer diferença no mundo corporativo foi mais uma vez afirmada quando eles entraram na Prada.

Os três novos estagiários da Prada tinham um histórico escolar mais fraco do que pessoas que lá haviam entrado no mesmo nível que eles. Nunca me esqueço de uma conversa que tive com a Dudda, quando ela estava trabalhando no RH e selecionava candidatos. Refletimos sobre como, daquela posição, ela nunca aprovaria o seu próprio currículo. Mas o que aconteceu foi que a experiência com as artes — e mais fortemente com o teatro — os colocou no mesmo nível de seus colegas. Os três entraram na Prada sem saber abrir uma planilha de Excel ou montar uma apresentação no PowerPoint. Mas em poucos meses se tornaram funcionários de primeira qualidade, estimados como qualquer outro estagiário que havia passado pela empresa. Estavam integrados, performando. Compensaram suas lacunas acadêmicas com sua postura e desenvoltura, tendo mais destreza do que a média das pessoas para se posicionar, apresentar ideias, discordar, transitar entre os diferentes níveis hierárquicos e construir relacionamentos.

"Eu posso não saber nada sobre a área quando chego, mas tenho facilidade de conversar e entender como funciona. Acho que quem faz arte tem esse comportamento mais humano, essa capacidade de criar conexões", diz Ana. Junior também percebe na sua capacidade de escuta e troca com o outro uma vantagem para navegar na empresa. Quando estava no RH, ele ajudou a reestruturar o processo de integração de novos funcionários. Propôs à gerente, Fabiana, dinâmicas para tornar os participantes menos passivos. Sugeriu momentos de interação durante os quais as pessoas se sentassem em roda, marca registrada do teatro, para que pudessem se olhar, conversar e trazer dúvidas. Ajudou ainda a reforçar o valor de respeito da Prada. Junior nunca teve medo de usar batom vermelho no escritório ou alternar entre o vestiário masculino na chegada e o feminino na saída — e em nenhum momento isso se tornou um problema.

Confesso que meu maior medo com relação a esse projeto era que os três selecionados fossem classificados na categoria "cota do diretor". Que fossem vistos como estagiários que eu pessoalmente tinha insistido em contratar e de quem gostava por conta do teatro. Felizmente, isso não aconteceu. Na verdade, foi o contrário. Eles conquistaram o próprio espaço e mostraram a potência que a formação em artes tem para os negócios. A experiência desses garotos no teatro foi uma ferramenta poderosa para compensar seu profundo gap acadêmico. Eu jamais conseguiria resolver a defasagem que eles tinham em ciências ou matemática, acumulada ao longo de todo o ensino básico. Mas isso não os impediu de ter um ótimo desempenho no ambiente de trabalho. Eles me ensinaram que, além de potencializar a liderança, a força das artes é capaz inclusive de suprir lacunas de formação. Deu tão certo que em 2024 selecionamos mais três novos estagiários para esse programa conjunto entre Prada, Fundação CSN e Célia Helena.

A mim pouco me importa se, quando terminarem o estágio e a graduação, os participantes desejarão continuar carreira numa empresa ou numa companhia de teatro. É uma opção deles. Meu objetivo com o projeto é pavimentar a ponte entre esses dois universos e dar a esses jovens uma nova perspectiva.

Lígia disse certa vez que não existe coisa mais mecânica do que um engenheiro dirigindo uma fábrica, onde a matéria-prima entra de um lado e sai do outro de maneira cronometrada. Portanto, falar de teatro seria muito mais facilmente associado a um executivo de RH ou de Diversidade. Essa dicotomia, por mais poética que seja, complicou em vários momentos minhas tentativas de inserir as artes nos negócios. É com muito orgulho, portanto, que acompanho o crescimento do projeto Garoto Cidadão, que em 2024 contava com catorze unidades e capacidade para atender 4 mil educandos.

Aos poucos, espero que a relevância da inserção das disciplinas artísticas no contraturno escolar fique tão evidente para todos como é para mim. Essa história deixou também a lição de que alguns projetos precisam ficar latentes por um período, esperando uma oportunidade ou um contexto mais favorável para se concretizarem. Muitas vezes, ideias não prosperam pelas contingências do cenário, não por lhes faltar valor. Nesse caso, não mantive meu objetivo inicial, mas precisei aguardar a chegada de um colega mais aberto à ideia. É preciso ter a paciência de esperar o momento em que o projeto tenha solo fértil para prosperar, seguindo o conselho em *Otelo*: "Como são pobres os impacientes!/ Feridas não se curam só aos poucos?" (Ato II, cena III).[15]

## ATO V
## Transformar a si mesmo

*Nem eu nem ninguém vai percorrer essa estrada para você.*
*Você tem que percorrê-la sozinho.*
*Não é longe.*
*Está ao seu alcance.*
*Talvez você tenha andado nela desde que nasceu, e não sabia.*

Walt Whitman

Liderar é um ato solitário. Ainda que seu impacto seja coletivo e que um líder só exista na presença do outro — o seu grupo de liderados —, exercer esse papel é uma tarefa individual. Requer a capacidade de elaborar suas próprias ideias, defendê-las mesmo que não sejam populares, reconhecer seus limites, lidar com pessoas, compartilhar conhecimento, gerir (muitos) problemas e assumir a responsabilidade pelos resultados alcançados.

Portanto, mesmo que a vontade de combinar teatro e organizações tenha surgido em mim após testemunhar o efeito que as artes geram em um grupo por meio do ensemble e considerando que eu tenha utilizado as ferramentas aprendidas no palco para transformar uma empresa inteira, acredito que na raiz de todas as mudanças esteve minha própria transformação — nada é tão poderoso e efetivo quanto mudar a si mesmo.

O teatro ajudou-me a remodelar meu jeito de liderar, gerando as consequências positivas descritas até aqui. E todas as dinâmicas que introduzi na CSN e na Prada só surtiram efeito porque as pessoas ao meu redor também aceitaram ser transformadas, entrando em "minha barca aparelhada" para se entregar a uma jornada de crescimento.

São as atitudes no microcosmo que acabam por impactar o macrocosmo; as ações que um indivíduo faz em si mesmo que mudam o todo. Como disse Daniela Carbognin, especialista em desenvolvimento humano e membro da minha banca de mestrado, só é capaz de catalisar um processo de transformação a pessoa que está disposta a vivenciá-lo, encontrando outras camadas de profundidade nela mesma e se tornando, assim, capaz de compartilhar um novo repertório.

Um pouco antes de encontrar o teatro, reconheço que já estava entrando em uma nova fase da minha carreira. Nos meus primeiros anos como líder, tinha o impulso de elaborar um projeto específico para o desenvolvimento de cada pessoa que me rodeava. Aos poucos, perdi o interesse em controlar a mudança nos outros, compreendendo que cada um escolhe seu caminho. Hoje entendo que meu papel como líder é provocar reflexões, partilhar experiências, compartilhar ferramentas, apoiar a superação de impasses, orientar; mas não é impor uma rota. Digo o que precisa ser feito, mas nunca como deve ser feito. Prefiro investir meu tempo observando. O teatro acelerou e criou mais alicerces para essa guinada. Mostrou o poder da observação para intervir quando é realmente necessário e me fez entender que quando tentamos controlar algo ou alguém acabamos nos cegando para as nuances da situação.

Meu novo jeito de liderar também está relacionado com a crença de que não é apenas o resultado que conta. O teatro muito me ensinou sobre a importância de aproveitar o processo. Vejo com frequência pessoas perdidas, agindo compulsivamente para atingir metas pessoais ou corporativas, desprovidas de um propósito, seguindo regras externas sem jamais questionar o que na verdade desejam ou por que estão envolvidas em determinada tarefa.

Viola Spolin, já em 1963, referia:

> É verdade que algumas pessoas que trabalham com energias compulsivas sejam bem-sucedidas. Mas, por outro lado, a maioria perdeu de vista o prazer de fazer a atividade em questão e não está satisfeita com suas realizações. É lógico que, se direcionarmos todos os nossos esforços para atingir uma meta, corremos o sério risco de perder tudo em que baseamos nossas atividades diárias. Pois quando uma meta é sobreposta a uma atividade em vez de evoluir a partir dela, muitas vezes nos sentimos enganados quando a alcançamos.[1]

Esse empenho em encontrar prazer nas atividades diárias e achar uma razão maior para fazer o que se faz também é uma responsabilidade individual. Pode ser estimulada, mas não decretada. Em um mundo em permanente transformação, está em vantagem quem se diverte ao começar algo novo, recalcula a rota e chega a lugares inesperados. Em suma, quem aproveita o que é dado, em vez de reclamar dos imprevistos ou se contentar somente em atingir o resultado idealizado.

A seguir, compartilho as principais mudanças que empreendi em nível individual com a ajuda dos insights do teatro e que, estou certo, impactaram positivamente as pessoas e os ambientes ao meu redor.

### Pausas e o tempo para o acaso

Livia Tejas, que me ajudou a criar os treinamentos baseados em teatro para a CSN, não se conforma com a ausência de pausas nas organizações. Ao trabalhar com empresas, ela fica com a incômoda sensação de que as pessoas estão sempre atropeladas, de que tudo é "para ontem". "Elas têm metas a cumprir, grandes exigências, e são anestesiadas o tempo inteiro para continuar nesse fluxo de aparente produtividade. Ninguém pausa para olhar para si", diz. Além da preocupação genuína com a saúde mental dos seres humanos submetidos a essa dinâmica,

Tejas observa que esse modus operandi leva os funcionários a buscar soluções imediatistas, olhando apenas para a camada superficial das questões que enfrentam.

Para quem passou a vida dentro do mundo corporativo, pode ser difícil questionar essa rotina e imaginar outras possibilidades. Afinal, é assim que sempre funcionou. Mas para quem vem do teatro, como Tejas, há um contraste gritante, pois a pausa faz parte do treinamento de qualquer artista. Nas artes cênicas, entende-se que ganhar consciência de si, respirar, relaxar e se concentrar no momento presente é fundamental para acessar a criatividade. "É algo que não se faz nas empresas. Quando levamos esses conceitos para treinamentos, eles são recebidos como muito exóticos", conta. Ela cita uma anedota que ouviu sobre uma facilitação em empresa proposta por um profissional das artes cênicas. Ao conduzir um exercício de relaxamento para o grupo, ele percebeu que após dois minutos estavam todos dormindo. Decidiu não intervir, deixando que cochilassem por meia hora. Quando o RH perguntou o que tinha acontecido, ele respondeu que as pessoas precisavam dormir. Fico imaginando a expressão de incredulidade do time de RH ao ouvir isso. Mas o que nas empresas pode parecer absurdo — uma soneca no meio do expediente — para o facilitador era um respiro essencial para continuar o trabalho com qualidade.

Como sou um membro do "sistema", a dinâmica do mundo corporativo nunca me chocou tanto quanto a Tejas. Mas a experiência no teatro me ajudou a compreender um incômodo que senti com frequência durante duas décadas como executivo. A certa altura de minha carreira, comecei a questionar o hábito dos líderes de estarem sempre ocupados, perdidos em uma obsessão produtiva, correndo para um lado e outro, incapazes de passar meia hora sentados em suas mesas sem uma agenda predeterminada. Lembro-me de assistir à entrevista de um executivo de uma fabricante automotiva que se gabava de trabalhar doze horas por dia com reuniões a cada quinze minutos. Achei aquilo uma estupidez. O trabalho do gestor não é estar com a agenda ocupada 100% do tempo — e agenda livre não é sinônimo de ócio. Se você fica todo tempo em reuniões, quando trabalha? Quando pensa? Quando imagina? Essas são todas tarefas importantíssimas para um bom líder.

A primeira vez que refleti sobre esse assunto foi lendo o best-seller *Os 7 hábitos das pessoas altamente eficazes*, do norte-americano Stephen Covey. Em um dos capítulos, ele propõe um método de gerenciamento de tempo, dividindo tarefas em quatro quadrantes de uma matriz de 2 × 2, formada a partir de um eixo que avalia a importância e de outro que avalia a urgência da atividade ou tarefa. Com base nisso, sugere a seguinte abordagem: tratar dos assuntos importantes e urgentes de forma imediata; planejar a execução dos assuntos importantes e não urgentes; delegar os não importantes que são urgentes; e simplesmente abandonar os não importantes nem urgentes. Mas muita gente nem sequer consegue encontrar tempo para elencar suas tarefas, menos ainda para refletir sobre se são urgentes ou importantes. O motivo? Ausência de autonomia em relação a suas agendas.

Passamos o dia "sequestrados" por funções e compromissos que outras pessoas nos designaram. Lidamos com caixas de e-mail lotadas, recebimento ininterrupto de mensagens no WhatsApp e uma sequência de reuniões — algo que só piorou com a adesão em massa às videoconferências durante a pandemia de covid-19. Assim, acabamos sem o chamado "tempo discricionário", termo usado pelos consultores norte-americanos William Oncken Jr. e Donald L. Wass no famoso artigo "Who's Got the Monkey?" [Quem pegou o mico?], publicado originalmente em 1974 na *Harvard Business Review*. Tempo discricionário é aquele em que pausamos o ruído externo e nos dedicamos às nossas tarefas e prioridades. É obtido pela seguinte equação:

Tempo discricionário = tempo total − tempo imposto pelos chefes − tempo imposto pelos pares − tempo imposto pelos subordinados

Claro que temos muito mais controle sobre o tempo imposto por subordinados do que sobre o imposto por chefes. Mas com frequência também nos perdemos nessa primeira categoria, lendo e-mails de pouca utilidade ou recebendo tarefas numa espécie de "delegação para cima" da equipe.

Para me disciplinar e não fazer como no início de minha carreira, quando acumulava de bom grado os problemas de todos, tenho um pequeno mico de pelúcia na minha mesa. Quando em alguma interação com meus subordinados sinto o ímpeto de aceitar uma "delegação para cima", o simpático mico me serve como lembrete e ilustra o que normalmente falo: "Esse mico é seu, o meu está aqui!".

Tempo discricionário é, na minha visão, um dos mais importantes indicadores de boa gestão. Duas importantes alavancas para conquistá-lo são diminuir e-mails para que ocupem menos de duas horas do nosso dia e limitar a participação em reuniões para cerca de quatro horas diárias. Faço isso há anos.

O teatro só reforçou o meu compromisso com a boa gestão da agenda ao me mostrar que não existem leveza e criatividade se não houver pausa e respiro. As artes cênicas também me ensinaram que o foco na atividade — voltamos ao conceito do aqui e agora! — também é fundamental para conquistar mais tempo discricionário. O frenesi da multitarefa aumenta a ansiedade e diminui as chances de termos uma interação de qualidade. Conversas dispersas e não resolutivas acabam por não solucionar definitivamente o assunto tratado, gerando retrabalho.

E o que faço com o tempo discricionário que obtenho? A ação mais prática e de curto prazo é revisar diariamente minha lista de tarefas, revendo o que preciso fazer e priorizando os próximos passos. Mas a consequência mais relevante de ter tempo discricionário é de longo prazo, pois esses intervalos no meu dia permitem que eu me reconecte comigo mesmo, pense, troque ideias com as pessoas, teste hipóteses e imagine o futuro, sendo mais presente e inovador.

Uma experiência muito interessante de pausa que promovemos em 2024 na Prada aconteceu durante nosso evento de Planejamento Estratégico. Naquele dia, minha equipe trabalharia reunida por quase doze horas seguidas. Então, tive a ideia de criar uma oscilação, um respiro em meio a tantos assuntos densos sobre metas, resultados e objetivos. Pedi aos estagiários do Garoto Cidadão, Ana, Dudda e Junior, que pensassem em uma dinâmica baseada no teatro — como é meu costume, disse qual era o objetivo, mas dei um briefing bem aberto a possibilidades. Eles prepararam uma oficina de uma hora de duração com alguns Jogos Teatrais. No dia marcado, logo depois do almoço, os três entraram na sala com figurinos coloridos e extravagantes. Foi um choque logo no primeiro minuto. Depois que explicaram quem eram e o que fariam, começaram as atividades. Propuseram jogos similares aos dos treinamentos de 2018, como andar pela sala cruzando olhares com os outros, reconhecer o espaço, realizar exercícios de atenção, movimentar o corpo e se sentar em roda.

Sentimos o impacto imediatamente após o fim da oficina. Bastou uma hora de trabalho com as dinâmicas do teatro para as pessoas saírem transformadas. O grupo, que começara meio travado, estava descontraído. As pessoas riam, faziam piadas e exibiam uma postura corporal mais relaxada. "Depois da oficina vi olhares brilhando, uma faísca de criatividade", conta Ana. "Eles começaram sérios, com cara de cansados. No final, havia um alívio na tensão. A região das axilas e da bacia, sempre muito fechadas no corpo de quem trabalha no administrativo, de repente tinha um espaço, um respiro", relata Junior. Até Fabiana, responsável pelo RH que havia recebido com certo ceticismo a minha proposta, celebrou o resultado.

> Inicialmente pensei: "Caramba, temos tanta coisa para ver no planejamento, podia ter deixado o teatro para outro dia". Mas foi ótimo porque tivemos uma manhã pesada de apresentações e números, precisávamos de algo para retomar as atividades à tarde de forma mais leve.

Obter tempo discricionário também me permite acessar outra ferramenta poderosíssima: dar chance ao acaso. Isto é, ter intervalos ao longo dos dias e semanas que me permitam apenas sentir o sistema e observar o ambiente, sem uma agenda direcionada ou uma ação concreta. Esse é um conceito bastante estranho às organizações. Ora, como basear a gestão e deixar as decisões nas mãos de fatores incontroláveis e imprevisíveis? Pois é exatamente esse ingrediente que às vezes nos falta para resolver um imbróglio.

O incômodo com o acaso nas empresas está relacionado ao fato de que a maioria delas ainda segue, tal qual a física clássica, princípios newtonianos. Permitam-me divagar por um breve momento. Isaac Newton, matemático inglês e um dos mais célebres cientistas de todos os tempos, foi quem formulou as leis do movimento e da gravitação universal.

Começava então o período do determinismo científico: a ideia de que é possível explicar todos os fenômenos por fórmulas matemáticas; de que, havendo dados e capacidade de cálculo ilimitados, é possível colocar o universo em equações para entender o presente e prever o futuro.

No entanto, esse determinismo foi contestado quando Max Born, físico alemão que deu enorme contribuição ao desenvolvimento da mecânica quântica, apresentou sua interpretação para a famosa equação de Schrödinger, usada para calcular os diferentes estados de um sistema. Esses estados representam a probabilidade de que, se esse sistema for medido, um certo resultado seja encontrado. Segundo Born, a consequência dessa equação é que, antes da medida, é impossível saber com qual resultado iremos nos deparar. Sabemos somente a probabilidade de cada resultado aparecer. Não existem mais causa e efeito, o efeito resulta do acaso. Se essa ideia parece difícil de aceitar, saiba que você não está sozinho. Até Einstein, amigo de Born, não acreditava nessa interpretação: "Estou convencido de que Deus não joga dados", escreveu em uma troca de cartas entre ambos.[2] Porém, até onde sabemos hoje, é consequência da mecânica quântica que os fenômenos naturais são regidos pelo acaso, e é intrinsecamente impossível prever o futuro, mesmo se tivermos todas as informações sobre o presente. Em seu discurso ao ganhar o prêmio Nobel em 1954, Born disse:

> Os fatos conhecidos até o final do século XIX pareciam indicar que o mundo era um mecanismo perfeito, um autômato. Assim, se sua configuração fosse conhecida em um determinado momento, seu comportamento futuro poderia ser previsto com certeza. Essa visão determinista ainda era aceita em geral quando eu era jovem. Mas então novos fatos foram descobertos, tanto no campo dos átomos quanto no universo estelar, fatos que não se encaixavam na estrutura mecanicista.[3]

## BRINCANDO DE DEUS

Reproduzo aqui uma fala da consultora Margaret Wheatley sobre a relação das empresas com o controle e a relevância das artes para mudar essa perspectiva:

Aquilo em que o negócio é melhor neste momento é em métodos numéricos para planejar, mensurar e gerenciar. Não são apenas os aspectos analíticos do negócio que são dominantes, mas também a crença de que você pode realmente fazer o mundo funcionar de acordo com o que você quer: se for suficientemente inteligente, se consegue olhar para o futuro o suficiente, se consegue produzir em certos níveis, se consegue ser inovador e saber o que o futuro cliente quer. É interessante pensar no quanto o negócio se baseia, em certo sentido, em brincar de Deus com o mundo, e pensar que a matemática é a chave... E depois você coloca toda essa expertise no mundo moderno, onde o futuro é desconhecido, o ambiente é turbulento, nada de fato funciona de acordo com o plano (na realidade nunca funcionou). [...] Em vez de procurar ver como trabalhar com o caos, eles estão na realidade buscando ainda controlar o caos e, então, apenas usando métodos de gestão antigos de forma pior, mais desesperados que antes. E, no entanto, a oportunidade aqui é de explorar mais da dimensionalidade da vida, mais das nossas emoções, mais dos nossos espíritos humanos, porque os humanos já passaram por períodos de escuridão e caos antes, e não temos que consertar o que está acontecendo, mas necessitamos saber como passar por esse período. E, para mim, é aí que a música, a poesia e a expressão emocional profunda vão nos salvar. Não considero isto uma necessidade leviana de dizer que as artes deveriam entrar no negócio. Vejo como: "Será possível que líderes de negócio percebam que os dilemas que eles estão enfrentando não podem ser resolvidos pelo seu comportamento de gestão tradicional, com as suas ferramentas de gestão tradicionais?".

(Extraído do livro *Artful Creation: Learning Tales of Arts-in-Business*, de Lotte Darsø.)

---

Mesmo sistemas mais simples do que os do universo quântico são impossíveis de calcular. No trivial caso de três planetas orbitando uns em volta dos outros, não somos capazes de fazer previsões astronômicas, caso suas massas tenham a mesma ordem de grandeza. Uma pequena diferença na medida de suas posições iniciais causaria um enorme impacto futuro. Isso é chamado de efeito borboleta, a partir da metáfora de que um furacão pode se formar ou não, dependendo do bater das asas de uma só borboleta do outro lado do mundo. Se não podemos prever nem o futuro de um único átomo ou da trajetória de três planetas, por que esperamos controlar o futuro de uma empresa inteira dentro de um mercado complexo?

Enquanto na física as certezas determinísticas são contestadas há mais de um século, nas organizações permanecemos ligados majoritariamente às ideias newtonianas. Acreditamos que, se tivermos pessoas o suficiente, boas ideias em profusão, abundância de recursos e alta capacidade de computação, chegaremos à solução certa. Consideramos bons gestores aqueles que conseguem controlar tudo com base nos recursos que possuem, ignorando a completa imprevisibilidade na gestão. Infelizmente, na prática, o que vejo cada vez mais são empresas se agarrando à visão racional, matemática e cientificamente atrasada, para tentar controlar o complexo ambiente externo, mas incapazes de chegar perto dos resultados esperados.

Atualmente, minha postura vai na contramão desse paradigma. Reunindo minha experiência como executivo e como aprendiz no teatro, estou certo de que é fundamental fazer pausas e deixar o acaso trabalhar a nosso favor. Quando estamos apenas riscando itens na nossa lista de tarefas, focados em controlar, deixamos as melhores oportunidades e ideias passarem.

Tenho alguns hábitos dentro do meu tempo discricionário que gosto de cultivar para dar chance ao acaso. O primeiro já mencionei neste livro, que é andar pela fábrica sempre que tenho tempo livre — ali há sempre algo que nos faz pensar. Nos escritórios, diariamente passo alguns minutos na copa para tomar um café e comer uma fatia de bolo, conversando com quem estiver por lá.

Lembro-me de um "passeio" que fiz sozinho pela fábrica da Prada logo nos primeiros meses após assumir a empresa. A linha de produção estava funcionando e identifiquei um operário cuja função era observar as latinhas passando em uma das últimas esteiras da produção, rumo ao local onde seriam embaladas. Com frequência, ele recolhia algumas da fila, inspecionava-as e jogava-as em uma pilha de sucata. Era uma quantidade alta de latinhas sucateadas e achei absolutamente estranha aquela falta de constrangimento em descartar uma parte relevante da produção. Quando ele me viu, dei um sorriso e fiz um joinha. O barulho era alto e eu não conseguia me comunicar com palavras. Ele sorriu de volta e devolveu o joinha, sinalizando que estava tudo bem. Pensei: aqui tem confusão. Quando voltei ao escritório, perguntei ao gerente-geral de quanto era a perda da fábrica. "Pouco", ele respondeu. Mas eu queria números. Semanas se passaram sem que me dessem uma resposta precisa. Esse pequeno passeio me fez descobrir que havia um enorme descontrole na apuração de perdas na fábrica de Santo Amaro, algo básico em uma linha de produção moderna.

Também gosto muito de estar ao ar livre. Na Prada, ajudo a cuidar dos jardins e das colônias de abelhas que instalamos pelo terreno. Sim, abelhas. Essa paixão tem uma origem curiosa, despertada em mim pela influência da minha filha mais nova. Por causa de seu interesse, passamos a identificar juntos as colônias de abelhas nativas ao redor da nossa casa. Acabei ficando tão fascinado por esses insetos polinizadores que me aprofundei no estudo de seus hábitos. Abelhas nativas são conhecidas também como as sem ferrão. Não é necessário utilizar equipamentos de proteção ou fumaça para manejá-las, pois são incapazes de picar. No Brasil há mais de duzentas espécies de abelhas nativas que produzem diversos tipos de mel, têm papel fundamental para manter a biodiversidade dos biomas brasileiros e participam do ciclo reprodutivo de várias espécies vegetais.[4]

Por fim, quando estou em viagem, reservo sempre um tempo na agenda para refeições com meus colegas ou equipe ou para uma visita a algum local interessante — ocasiões que chamamos de "momentos culturais". São períodos de convivência fora do ambiente de trabalho, durante os quais conversamos sobre qualquer assunto enquanto descobrimos novos temperos, visitando uma produção de azeite, uma queijaria ou um restaurante interessante. Adoro conhecer lugares e comer bem, portanto aproveito esse interesse pessoal para criar memórias positivas e fortalecer laços com o time. Além disso, esse tempo à mesa não raro resulta em insights inesperados para os negócios. Numa dessas viagens, iniciamos uma parceria com um queijeiro muito talentoso para desenvolver uma lata para seu queijo de fondue.

Entender como as pessoas gerem seu tempo é tão importante para mim que hoje incluo em minhas entrevistas com candidatos uma pergunta sobre isso. Peço que me contem sobre suas rotinas. A maioria reage me relatando o que faz no trabalho, mas redireciono a conversa para entender a que horas acordam, o que fazem nas horas que antecedem a ida ao escritório, a quais outras tarefas se dedicam e como organizam o seu dia até voltarem para a cama. Percebo nas sutilezas dos relatos se o candidato é alguém que já tem rotina, método, ou se navega em sua agenda de modo aleatório.

Pense bem: podemos recuperar dinheiro, recontratar mão de obra, reconquistar clientes; mas tempo mal utilizado é perdido para sempre, seja para o estagiário, seja para o presidente da empresa. Aprenda a criar pausas, a ter tempo discricionário e a dar oportunidade para o acaso lhe apontar o caminho.

### Aceitar a intuição

A lógica newtoniana também me privou durante um bom tempo na minha carreira de acreditar naquilo que chamamos de intuição — chegar a uma conclusão de maneira rápida, involuntária, inconsciente; ter certeza de algo sem conseguir explicar o motivo, sem fazer uma análise ou reflexão. Um dos primeiros livros que li sobre intuição foi *Blink: A decisão num piscar de olhos*, do jornalista canadense Malcolm Gladwell. Foi anos antes de ter entrado no teatro, mas já me questionava sobre o quanto podia escutar minha intuição. Gladwell argumenta que muitas vezes nossas melhores decisões são aquelas tomadas em um instante, usando o que ele chama de pensamento instintivo. Essas decisões baseiam-se em anos de experiência e em um processamento inconsciente de informações. Embora o pensamento rápido seja poderoso, ele também alerta para os seus perigos. Nossas intuições podem ser afetadas por preconceitos ou estereótipos e por falta de informação. O autor sugere que aprender a reconhecer quando confiar na nossa intuição e quando desacelerar para pensar mais profundamente é fundamental para tomar boas decisões.

Mesmo assim, continuei resistindo por muitos anos a confiar nessa ferramenta, independentemente da situação. Afinal, não tinha equações matemáticas para explicar certas sensações de que algo daria certo — ou errado. Porém, com frequência, a minha intuição apontava para a direção certa e eu me arrependia de tê-la ignorado. Lembro-me bem de uma situação que vivi nos meus primeiros anos como diretor na empresa que trabalhei antes de entrar na CSN. Na época, meus gerentes de RH e Operações queriam promover uma pessoa para o cargo de coordenador de logística. Ambos gostavam do funcionário, mas algo me parecia fora do lugar. Na primeira vez em que me procuraram com essa proposta, questionei se ele estava mesmo preparado para assumir o cargo. Pedi que esperassem mais um tempo. No ano seguinte, os gerentes me apresentaram uma série de informações em defesa da promoção e em tom de intimação questionaram minha hesitação. Logo eu, que cobrava tanto a apresentação de fatos e dados. Ao final da reunião, levantei-me da mesa e andei até a janela do meu escritório, da qual conseguia ver toda a fábrica. Pensei por alguns segundos e voltei, desconsolado. Não tinha argumentos racionais para recusar a proposta. "Podem fazer a mudança. Espero que vocês não estejam equivocados", disse. Uma semana depois, o novo coordenador de logística saía da fábrica algemado. Havia mesmo algo fora do lugar.

Durante anos depois desse caso continuei achando que era desonesto falar em voz alta sobre intuição, mas me tornei mais confiante de que a minha funcionava. Passei a utilizá-la como ferramenta clandestina. Não admitia sua existência em voz alta, mas dava um jeito de segui-la, criando um arcabouço racional para justificar decisões baseadas nela.

Felizmente, ao me aproximar das artes e em especial do teatro, passei a compreender a vida de maneira mais holística, a acreditar na relatividade e a legitimar o valor da minha intuição. As artes trouxeram um contraponto à minha racionalidade de engenheiro e executivo. Perdi o medo de falar abertamente sobre meu *gut feeling*. Hoje, minha equipe raramente questiona minha intuição. Quando as pessoas compartilham uma ideia e faço uma expressão de dúvida, explicando que não me soou bem mesmo sem saber o motivo, não há muita discussão. "Tá bom, não vou fazer", dizem. Já estão acostumados e sabem que geralmente acerto quando tenho um feeling negativo. O mesmo acontece quando tenho um feeling positivo sobre uma linha de ação. Mesmo sem ter todos os dados, muitas vezes digo aos meus colegas, sobretudo os mais jovens: "Vá por ali, tenha fé, vais ver que dará certo".

É curioso que até pesquisadores que se aprofundaram no tema da intuição começaram do mesmo lugar cético que eu. O psicólogo Gary Klein, autor do livro *The Power of Intuition* [O poder da intuição], conta que usar a frase "tomada de decisão intuitiva" o deixava desconfortável inicialmente. Quando comecei a estudar a tomada de decisões, o conceito de intuição era visto como pouco científico. Então, quando comecei a apresentar minhas descobertas em conferências profissionais, evitei usar o termo "intuição" porque fazia com que minha pesquisa fosse desvalorizada.

Ironicamente, foi com os fuzileiros navais norte-americanos, uma das organizações mais tradicionais das Forças Armadas, que Klein recebeu a "bênção" para estudar o tema.

> Os cabos se sentiam confortáveis com a ideia de intuição, assim como os generais de três estrelas. Eles não estavam preocupados com a terminologia — estavam motivados pela necessidade de se tornarem melhores tomadores de decisão. Se os fuzileiros navais dos Estados Unidos se sentiam à vontade com o termo "intuição", concluí que talvez eu também pudesse me sentir.[5]

Segundo Klein, a intuição é uma ferramenta essencial e prática em nossa vida. Se tivéssemos que fazer análises a cada decisão que tomamos, não sobreviveríamos um dia sequer. Suas pesquisas ajudaram a mostrar que a intuição não é simplesmente um dom místico. Ela pode ser o resultado da experiência em um determinado campo de conhecimento.

Ele se deparou com os benefícios da intuição logo em seu primeiro estudo sobre tomada de decisões em situações de extrema pressão. Ao entrevistar um bombeiro, este se lembrou do dia em que comandou uma equipe para apagar o incêndio numa casa de família térrea. O fogo estava na cozinha e, entrando pelos fundos, apontaram a mangueira para o local. A labareda revidou, mais forte. Uma nova tentativa, mesmo resultado. O chefe sentiu algo estranho e, sem mais delongas, deu ordem para os homens saírem da casa. Assim que se afastaram, o chão sobre o qual pisavam cedeu. Se tivessem se mantido em suas posições, cairiam em direção ao fogo. Ele não sabia que havia um porão na casa, muito menos que o incêndio havia começado ali, e atribuiu sua decisão ao "sexto sentido". Mas sutilezas como a temperatura do ambiente e o silêncio das labaredas acenderam nele o alerta de que algo estava fora do padrão. O bombeiro não foi capaz de articular esses dados nem de concluir um raciocínio consciente, mas o sexto sentido nada mais era do que a intuição por experiência.

Herbert Simon, considerado o pai da economia comportamental e autor da teoria da racionalidade limitada, afirma sobre a intuição: "A situação forneceu um indício; esse indício deu ao especialista acesso à informação armazenada em sua memória, e a informação fornece a resposta. A intuição não é nada mais nada menos que reconhecimento".[6]

Ainda que hoje exista um arcabouço teórico que ajuda a explicar os mecanismos da intuição para a tomada de decisões, foi no contato com as sutilezas da arte que aprendi a expandir minhas ferramentas de liderança para além do pensamento analítico e racional.

### Afetação e antifragilidade

A experiência no teatro agregou ao meu vocabulário um conceito muito comum no léxico dos artistas, mas geralmente rejeitado nas organizações: afetação. É a capacidade de ser influenciado e transformado pelo outro, de estar permeável para que as vivências modifiquem o que pensamos e o que sentimos. No teatro, os artistas trabalham a todo momento para aumentar a porosidade: a sua própria (para compreender o espírito da obra e as nuances do personagem que irão interpretar) e a do público (em quem desejam despertar emoções e sensações por meio da peça encenada). A afetação é vista como benéfica nas artes e exercitada de maneira permanente.

Já nas empresas, afetar-se é entendido como fraqueza. Sendo a empresa um ambiente extremamente competitivo e individualista, deixar que o outro nos atinja é visto como derrota. Bom mesmo é ser resiliente, no sentido mais literal da palavra. O conceito, surgido na física, refere-se à capacidade de um material retornar à forma original depois de submetido a uma deformação. Transposto para o mundo executivo, qualifica aquelas pessoas que, ainda que vivendo situações de estresse no trabalho, são capazes de se manter na linha. Como cavaleiros protegidos por uma armadura que resistem, sem danos, às pressões externas e seguem seus caminhos inabalados. O mais comum no mundo corporativo é encontrar gente se esforçando para ser pouco permeável, se dessensibilizando para manter um foco hiper-racional em metas e resultados.

O teatro me ensinou que, na verdade, quanto mais você é afetado pelas situações e pelas pessoas, mais será capaz de compreender os problemas da organização e os dilemas dos indivíduos. Afetar-se é uma ferramenta para aumentar o nosso nível de consciência e entender o que está acontecendo com o ambiente e com as pessoas. A afetação também é o processo por meio do qual nos sensibilizamos para o outro, o que pode resultar na empatia — um conceito tão em alta na gestão. Colocar-se no lugar do outro e compreender seu ponto de vista é uma escolha feita a partir do momento em que sou afetado por esse sujeito.

Vale dizer que afetar-se, especialmente no contexto executivo, não é se envolver com o problema e chorar junto. Não significa que se o seu time estiver com o moral baixo você será "contaminado" pelo desânimo e trabalhará na mesma energia. Significa, sim, que você será sensível a esse estado de espírito, buscará entender suas causas, atuar sobre elas e, se necessário, transformar a si mesmo para melhorar o ambiente. Abrir-se para a afetação requer a maturidade de discernir o que fazer diante da situação, mantendo o equilíbrio emocional para orientar a pessoa ou o time de maneira adequada para que o problema seja resolvido, e não arrastado.

Afetar-se é uma maneira de humanizar o ambiente de trabalho. Muitas pessoas com quem trabalhei são gratas a mim pela contribuição que dei ao seu desenvolvimento profissional, mas principalmente pela postura que tive durante dilemas pessoais. Se fui compreensivo e disponível, devo isso à permissão que sempre dei para me afetar pelo problema do outro. Falar de assuntos pessoais, compartilhar fragilidades e ajudar quem precisa não é demérito no ambiente de trabalho, nem mesmo no ambiente pessoal. Pelo contrário, é uma maneira de manter sempre a melhor versão da pessoa por perto — afinal, quem não está bem em casa também não estará bem no escritório.

Quando contratei uma funcionária para a área de Vendas Especiais e seu pai foi diagnosticado com um tumor quatro meses depois, ela não se sentiu acolhida por seu gestor direto ao se ausentar para estar no hospital. Meio sem jeito, pois não nos conhecíamos bem, veio à minha mesa, dando a entender que, se não pudesse passar alguns dias acompanhando o tratamento do pai, pediria demissão. Eu tinha perdido minha mãe havia pouco tempo e expliquei que a atenção a sua família naquele período em nada mudaria sua posição na CSN. Da mesma maneira como eu me ausentara temporariamente e voltara a trabalhar quando foi possível, assim ela faria. Essa pessoa segue na minha equipe até hoje, performando muito bem. Na Prada, quando o marido de uma gerente se envolveu em um acidente de trânsito, ela apenas me ligou para dizer que passaria o dia fora resolvendo um assunto particular. Incentivei-a a falar mais e ela me contou os detalhes. Estava muito nervosa, com razão. Recomendei um advogado para ajudá-los no caso e continuei atento ao seu estado emocional. Lentamente a questão se acertou, e hoje sei que esse apoio logo no início fez a diferença para a evolução do processo e seu retorno às atividades.

Segundo Ibbotson, essa habilidade de se tornar mais disponível para o outro contribui para reagir a situações ouvindo, recebendo e respondendo ao que está sendo dito ou feito por quem nos rodeia. Torna-nos capazes de "aceitar e concordar com o que está sendo oferecido, de deixar de lado o desejo de se defender e se afirmar diante de alguém que está 'agindo' contra você".[7]

Ser capaz de mudar de ideia ou de postura quando necessário é bom para o líder. E não há nada de "paz e amor" nessa lógica. Simplesmente, quando me afeto por uma pessoa, conecto-me com o que ela está sentindo e emprego essa compreensão para os meus objetivos — é o momento mais adequado para fazer uma aliança? Para impor um limite? Para ser mais suave? Para ser mais firme? A afetação me ajuda a tomar decisões estratégicas.

Esse meu ponto de vista foi reforçado pelas ideias de Nassim Taleb, matemático e especialista em assuntos de probabilidade e incerteza. Ele acredita que se um indivíduo apenas resiste a uma situação problemática, no sentido clássico de resiliência, ele não aprende com a experiência. Em vez disso, essa situação deveria promover uma transformação do indivíduo, o que Taleb batizou de "antifragilidade".[8] Ser "antifrágil" consiste em tornar-se melhor, evoluir em face de circunstâncias adversas, improváveis ou imprevisíveis, abraçando a desordem. Ou seja, deveríamos nos deixar afetar por situações fora do script para que nos tornemos melhores e mais aptos a lidar com problemas futuros. Para Taleb, a plasticidade do organismo em se adaptar a situações adversas é o motor da evolução de nossa espécie, que permitiu ao ser humano se desenvolver e construir suas grandes obras e conquistas. Ora, todo o trabalho artístico do teatro é estar em cenas ou exercícios que estimulam sair da zona de conforto e encontrar caminhos inesperados. Sendo assim, atrevo-me a afirmar que a vivência das artes cênicas é a "academia" da "antifragilidade".

No fundo, o que os conceitos de afetação e antifragilidade promovem é a transformação do indivíduo diante de novas experiências. Minha crença de que um líder só evolui quando está aberto para mudar a si mesmo tem relação direta com o próximo conceito: autenticidade. Porque ser autêntico, para mim, não significa que nossa identidade seja estática, vivendo eternamente no mesmo padrão de comportamento, sem se deixar afetar pelas situações.

### Autenticidade

Um dos maiores obstáculos no qual esbarro ao falar de teatro dentro de empresas é a questão da autenticidade. Algumas pessoas interpretam o uso das ferramentas cênicas como uma manipulação. Como se eu lançasse mão do que aprendi para usar uma máscara de acordo com a situação, sendo falso e dissimulado, não autêntico. Lembro-me de que a primeira vez que falei sobre a ideia deste livro para um dos meus gerentes, que interage comigo há anos, sua pergunta foi justamente nesse sentido: "Será que as pessoas que convivem com você, ao ler o livro, vão chegar à última página se perguntando quem de fato é o Nuno?".

Tive muitas dúvidas no processo de escrita deste livro, mas a preocupação de que questionassem minha autenticidade definitivamente nunca esteve entre elas. Porque o exercício de um artista no teatro é justamente a busca da verdade. Fingimento e imitação são práticas de maus atores, de canastrões. Porém, é um questionamento que recebo com frequência. Para diminuir essa lacuna de entendimento, preciso recorrer com um pouco mais de profundidade à teoria teatral.

## CONCEITO COMPLEXO PARA EXECUTIVOS Nº 3 — A AUTENTICIDADE NO TEATRO

No teatro, atuar não é fingir. "A não ser que você esteja querendo ser uma coisa que não é ou quando você está fora de si, querendo imitar algo ou alguém. No teatro só existe a verdade. A beleza da interpretação está justamente no toque do artista ao personagem, na alma da pessoa em cena", nas palavras de Lígia Cortez.

Segundo Augusto Boal, frases como "fazer um drama", "fazer uma cena" ou, em francês, "*faire du théâtre*" são comumente usadas para descrever situações nas quais as pessoas manipulam, exageram ou distorcem a verdade, como se teatro fosse sinônimo de mentira. Porém, ele explica que, no sentido mais arcaico do termo, teatro é a capacidade dos seres humanos de se observarem a si mesmos em ação, vendo-se como são agora e se imaginando como serão amanhã.[9]

Para entender melhor a relação dos artistas com o que interpretam no palco, é preciso recorrer mais uma vez a Stanislavski, o mestre russo que apresentei no Ato II. Ele se dedicou a criar espetáculos realistas, que mostrassem mais naturalmente a vida, com atores encarnando personagens como se o ato estivesse acontecendo de verdade, com toda a expressividade e emoções reais. Seu sistema de preparação de atores até hoje influencia as escolas de teatro ocidentais. Um dos princípios fundamentais do método define que atuar é ser você mesmo na circunstância do personagem. O ator, ainda que desenvolvendo uma persona que pareça ter um caráter muito diferente do seu, em contextos longínquos da sua experiência, encontrará sua própria maneira de estar naquela situação, expressando sentimentos reais.

Maria Knebel, atriz russa que foi aluna e assistente de Stanislavski, explica que o ator deveria se perguntar e resolver a seguinte questão: Que circunstâncias da vida interior do meu espírito humano, quais pensamentos, desejos, aspirações, características, qualidades e defeitos inatos meus poderiam fazer com que eu me relacione com as pessoas e os acontecimentos da peça da mesma forma como o faz o personagem representado por mim?[10]

Interpreto a proposta do mestre russo como uma ginástica da personalidade e do comportamento. Ele mesmo escreveu:

> Mergulhem neste processo e vocês entenderão que ele é uma análise interna e externa de si mesmo, de seres humanos nas condições de vida do papel. [...] O processo de que falo é executado simultaneamente por todas as forças racionais, emocionais, psíquicas e físicas de nossa natureza.[11]

Para promover essa jornada de autoconhecimento, Stanislavski mudou inclusive o ritual de ensaios. Até então, o mais comum era iniciar a montagem de uma peça com o "trabalho de mesa": os artistas sentavam-se juntos para ler em voz alta as falas da peça. Ele propôs que o trabalho começasse sem que o elenco sequer soubesse qual seria a peça encenada. No primeiro momento, criava jogos e circunstâncias em que as pessoas experimentavam situações específicas, como tirar neve da calçada ao final de um dia cansativo e muito frio. Aos poucos, expunha os atores às sensações de seus futuros personagens sem a linguagem escrita do roteiro.

Stanislavski também defendia que o foco do trabalho fosse na ação e não na busca das emoções: o ator deve pensar no que vai fazer e não no que vai sentir. As emoções nasceriam espontânea e genuinamente como resultado do agir. Pensando no mundo corporativo, a ação como centro da estratégia é algo de fácil paralelo com a atividade de liderança.

As técnicas de Stanislavski ajudam o artista a "abrir a alma", revelando aspectos que desconhece em si mesmo ou que escolheu não utilizar em sua vida. Porque é natural que moldemos o nosso jeito de ser com traços de caráter que nos deixam mais confortáveis ou que são mais bem-aceitos nos ambientes nos quais passamos a maior parte do tempo. Durante o trabalho de preparação, o ator vai sendo aos poucos afetado pela personalidade de seu personagem e dando novas nuances à sua própria. Quem vivencia o trabalho artístico sabe como esse processo ajuda a revelar novas camadas de si mesmo. "Depois de ter tido a experiência de treinar minha voz e meu corpo, consigo perceber tanto que ainda tenho a minha própria fisicalidade bastante distintiva quanto que estou livre dela. Isso é muito útil e não uma ameaça ao meu senso de identidade", revela Piers Ibbotson. "Ganhei a possibilidade de comunicar uma abrangência maior de pensamentos e sentimentos com mais poder do que antes, e uma visão sutilmente diferente do que me constitui, da pessoa que sou."[12]

Uma história da preparadora de elenco brasileiro Fátima Toledo ilustra esse processo de maneira radical. Em mais de quarenta anos de carreira, ela orientou centenas de profissionais e ficou conhecida por ajudar o ator Wagner Moura a dar vida ao capitão Nascimento no filme *Tropa de elite*. Alguns anos antes, trabalhando com o elenco de *Cidade de Deus*, seu desafio foi transformar o "suave, gentil e educado" Leandro Firmino no cruel Zé Pequeno. Em entrevista à revista *Época Negócios*,[13] ela revelou que tentara sem sucesso diversos exercícios para despertar o lado mais agressivo de Leandro. Um dia, o ator surgiu com dreadlocks no set. O novo cabelo chamou a atenção dos atores mirins e um deles tentou tocá-lo. Leandro não gostou e afastou a mão dele. Fátima de imediato notou. Era o que precisava. Propôs então um exercício de tolerância. Pediu que o ator ficasse parado e só reagisse quando estivesse no seu limite. Enquanto isso, uma pessoa começou a desmanchar seus dreads. "A respiração dele foi mudando, mudando. De repente: pá! Ele teve um troço. Eu disse: 'Chegou o Zé Pequeno'." Leandro, espantado, perguntou se aquela raiva toda estava dentro dele, ao que Fátima respondeu: "Sim, todo mundo tem sombra e luz". Fátima estudou os métodos de Stanislavski, mas gosta de dizer que os modificou. Se ele trabalhava com as máximas: "Se eu estivesse nessa situação" ou "Se eu fosse", para ela é "Eu estou" e "Eu sou". Seja como for, suas experiências mais recentes mostram exatamente como o exercício de viver outra personalidade pode revelar muito sobre nós mesmos, levando-nos a sentir de maneira genuína os sofrimentos e alegrias do personagem porque os descobrimos dentro de nós.

Transportando essa prática para as empresas, fico pensando em pessoas com quem já convivi que tinham muita dificuldade de ser firmes e autoritárias. Dependendo do contexto da organização, é necessário beirar o despotismo para vencer algumas batalhas. A inabilidade de operar nessas situações se torna uma fragilidade para elas. Imagino o que aconteceria se tivessem tido uma experiência no teatro, sendo convidadas a interpretar Ricardo III — o monarca mais cruel de Shakespeare. Talvez, ao se dedicarem de corpo e alma ao trabalho, conseguissem encontrar em si mesmas traços de tirania e manipulação que lhes seriam úteis como autodefesa em momentos específicos.

> Hoje tenho convicção de que o teatro nos ajuda a descobrir mais possibilidades de estar no mundo, ao interpretar diferentes papéis despertamos ferramentas escondidas para nos tornarmos uma melhor versão de nós mesmos.

É verdade, como já mencionei no Ato III, que durante minha experiência no teatro conheci alguns personagens de Shakespeare que têm sido muito úteis para expandir meu repertório de liderança. Às vezes interpreto os monarcas mais carismáticos do Bardo, outras, os mais cruéis. Aqueles que convivem comigo já conhecem a técnica. Uma dessas pessoas é Sabrina Gervasio. Ela ingressou na CSN como trainee e tivemos uma convivência intensa por conta de um projeto em que estávamos envolvidos. Viajamos juntos várias vezes e conversávamos com frequência. Comecei a antecipar para ela antes das nossas reuniões como eu previa que as pessoas reagiriam e quais personagens eu interpretaria para atingir nossos objetivos em cada caso. Sabrina viu de uma perspectiva privilegiada como eu adotava intencionalmente certas posturas, ora agregando, ora apavorando, sempre me adaptando às circunstâncias. Testemunhou a utilidade de variar os personagens, pois quase sempre conseguíamos o que queríamos.

Meus gerentes sabem e percebem como modulo meu comportamento dependendo do contexto e do interlocutor. Às vezes me perguntam antes de eu entrar na sala: E aí, com qual perfil você vai? Arrebentar ou observar? Eles sabem que posso ser mais agressivo ou mais acolhedor. Que posso olhar a floresta no papel de diretor ou olhar a árvore em uma discussão técnica. Passar horas com um cliente negociando ou usar as mesmas horas para não falar nada sobre trabalho. Tenho as ferramentas na manga, sinto o ambiente e ajo conforme me parece mais adequado. Quem costuma me observar diz que aprende que há várias maneiras de chegar ao objetivo, às vezes com mais cautela, às vezes com mais ênfase nas ações, mas nunca perdendo a cabeça ou se descontrolando emocionalmente. É claro que já errei muitas vezes a leitura do cenário e escolhi um caminho inadequado num primeiro momento. Mas minha atenção permanente ao contexto me permite corrigir a rota com rapidez e compreender melhor o que fiz de inadequado. O que o teatro me ensinou é que improvisar e jogar com essas possibilidades não me torna uma pessoa menos autêntica.

Segundo Ibbotson, a ideia de um eu profundo, fixo e autêntico, o "verdadeiro eu", que se arraigou na sociedade moderna, é uma construção recente. Nas peças elisabetanas, os personagens dizem o que são e o que sentem a cada momento. Para artistas, que se transformam a cada projeto, chega a ser perturbadora a ideia de que temos uma psicologia imutável. "Não gostamos de pensar que agimos de forma diferente com pessoas diferentes. Vemos isso como um comportamento falso e artificial", diz ele. "Mas essa obsessão (relativamente moderna) pela integridade psicológica pode nos cegar por completo para o impacto que temos nos outros e o sucesso da nossa performance ao facilitar o sucesso de um ensemble inteiro."[14] Ainda que visse muito sentido em seus argumentos, fui buscar suporte em outras fontes, pois ele teve toda a sua formação no universo das artes cênicas. Durante o mestrado, pesquisadores na área de liderança me ajudaram a refinar esse conceito.

Uma das autoras a quem mais recorri para entender o tema foi Herminia Ibarra, professora de comportamento organizacional na London Business School. A partir do conceito de "paradoxo da autenticidade",[15] ela apresenta os riscos do apego a uma noção de autenticidade estática e cristalizada, que acaba desajustada de novos objetivos pessoais ou das novas circunstâncias das organizações. Ficamos obcecados pelo nosso "verdadeiro eu", buscando uma rígida coerência com o nosso passado, como se algo diferente disso fosse nos tornar impostores. Quem nunca, durante um período de mudança, enfrentou o dilema de se manter fiel a antigas competências — as que "me trouxeram até aqui" — ou se ajustar a novas circunstâncias — as que "me levarão até lá"? Acontece que esse apego às inclinações naturais pode nos impossibilitar de crescer ou pode se tornar uma desculpa para nos mantermos na zona de conforto.

Pensei muito sobre esse tema quando li a peça *Coriolano* — mais uma contribuição de Shakespeare para minha vida. O personagem principal, que dá título à obra, é um general romano que adora estar no campo de batalha e liderar suas tropas, fazendo isso de maneira brilhante — talvez seja um dos melhores generais da obra do Bardo. Porém, é alguém que só consegue liderar com um único modus operandi e que se recusa a mudar ou se modular às diferentes necessidades da liderança. É um exemplo de uma autenticidade rígida. Sua atitude, no entanto, gera um movimento de repulsa em relação a sua figura. Ele termina sua história de forma trágica, traindo sua própria nação por ressentimento. No meio da peça, sua própria mãe faz um alerta: "Bem poderia ser o homem que é, tentando menos".

Para Ibarra, o antídoto para a autenticidade cristalizada é mudar a perspectiva e enxergar a si mesmo como um "trabalho em andamento", desenvolvendo a identidade profissional com uma mentalidade de experimentação (tentativa e erro), conciliando nossas preferências pessoais e as mudanças de contexto. Somos seres em permanente construção e podemos testar novos personagens mais aderentes a quem queremos ser no futuro. Ela dá a isso o nome de autenticidade adaptativa. Na prática, a dinâmica é experimentar "possíveis eus", abrir-se às possibilidades e se divertir no processo. "Podemos ser inconsistentes de um dia para o outro. Isso não é ser falso; é como nos experimentamos para descobrir o que é adequado para os novos desafios e circunstâncias em que vivemos."[16]

Assim como Stanislavski, Ibarra prioriza a ação: envolver-se com novas pessoas, testar novas formas de fazer as coisas acontecerem e, no final, refletir sobre os resultados obtidos. Essa proposição está completamente alinhada com a prática do ensaio no teatro, onde, através da experimentação, o artista faz várias abordagens ao papel, descartando o que não funciona e retendo o que deu certo para chegar à melhor versão do personagem em si mesmo. Transpondo essa lógica para o mundo dos negócios, essa experimentação pode ajudar o líder a ser mais produtivo e eficaz nos mutantes ambientes de negócio. Isso serve inclusive para ambientes inflexíveis, onde é esperado e premiado apenas um modo de agir. Isso porque ser você mesmo nas circunstâncias significa encontrar a melhor versão de si, adequando-se sem perder sua essência a qualquer ambiente, seja este mais ou menos rígido.

Kevin Cashman, coach de CEOS e outro autor a quem recorri durante o mestrado, também enxerga a autenticidade como uma jornada, não como algo estático:

Definimos autenticidade como o processo contínuo de desenvolver a autoconsciência da nossa totalidade — pontos fortes e limitações. Como resultado dessa conscientização, na maioria das vezes as crenças, os valores, os princípios e o comportamentos autênticos tendem a se alinhar.[17]

Pessoas autênticas são aquelas a caminho de atingir uma maestria pessoal. Cashman defende que, como humanos e como líderes, temos uma habilidade infinita para nos desenvolvermos e nos tornarmos algo mais.

Warren Bennis, criador do conceito VUCA, afirma que "ser autêntico é literalmente ser o nosso próprio autor [...] descobrir as nossas próprias energias e desejos, e depois descobrir a nossa própria forma de atuar sobre eles", em convite a esse permanente processo de aprendizado.[18]

Todos sabemos que temos vários papéis diferentes na vida: somos pais, filhos, alunos, chefes, subordinados, colegas, amigos, clientes, fornecedores, e assim por diante. Cada um deles requer competências e uma postura específicas. Fazemos essa transição entre personagens com naturalidade no nosso dia a dia, e isso não significa que somos falsos. Juliana Castilho, coordenadora comercial da Prada, assim me descreveu:

> Há momentos em que o Nuno está falando de coisas gravíssimas que aconteceram, mas daqui a pouco sai da reunião para ver a caixinha das abelhas. Depois está no telefone brigando com alguém, aí desliga, se senta na copa, pega uma fruta e começa a conversar. É engraçado porque todos nós somos assim, várias facetas ao mesmo tempo, mas ele realmente não tem medo de expressar isso.

Além de transitar com tranquilidade entre meus diferentes papéis, raramente escondo como estou me sentindo. Sem cruzar a linha da etiqueta corporativa, deixo transparecer minha alegria, empolgação, irritação, incredulidade, preocupação ou tristeza.

Assim como o bom ator não deve fingir, mas ser ele mesmo nas circunstâncias do personagem, também assim deve se portar o bom gestor. O ator tem os limites das falas, circunstâncias, figurino e ações previstas para seu personagem na peça. Já o gestor tem os limites de sua função, dos rituais dos quais participa e da cultura empresarial que deve seguir. Mas dentro dessas regras e de seus objetivos, pode imprimir o seu jeito de ser. Se não ficar preso a imitações de outros gestores que conheceu, construirá sua própria maneira, autêntica, de exercer esse papel, sendo ele mesmo nas circunstâncias.

Uma fala de Ibbotson ilustra o que quero dizer:

> Se você entender e aceitar que a máscara que lhe foi dada como líder é exatamente isso — uma máscara —, você estará livre para expressar seu verdadeiro eu momentâneo por meio dela, aceitando que o que você fizer será interpretado e retroalimentado de maneiras que você não pode controlar ou prever. Alguns vão detestar, outros vão rir, e você pode estar presente, observar o que está acontecendo e agir de acordo. Suas ações podem então ser informadas com mais frieza pelo que é certo, pelo que é bom, pelo que é útil. As pessoas ficam paralisadas pela ideia de que são, ou devem se tornar, a máscara. "Sou médico, portanto, devo estar sempre certo, devo descobrir como me comportar de maneira adequada" em vez de: "Estou usando uma máscara de médico, portanto, devo ouvir e ver o que está acontecendo". Essa é uma situação melhor e mais fácil para estar.[19]

Ao mesmo tempo que aprendi a navegar pelos desafios corporativos utilizando diferentes facetas da minha personalidade, inspirado por outras personas, sei que minha atuação estará sempre pautada por algumas posturas inegociáveis, com as quais serei coerente. Haverá no fundo uma essência sempre aflorada de quem sou e no que acredito.

Uma delas é meu senso de justiça. Posso estar no modo combativo ou amigável, vou sempre respeitar o adversário e aceitar críticas ao meu trabalho. Não sou injusto com as pessoas e detesto quem tenta tirar vantagem da situação — por exemplo, quando os mais fortes usam seu poder para abusar dos mais fracos. Lembro-me de que quando criança, com a turma do bairro nas Caldas da Rainha, eu brigava muito por defender meu amigo Miguelito, vítima de bullying na rua. Desde aqueles tempos, meu senso de justiça me levava a arranjar confusão.

Outra questão inegociável para mim é a segurança das pessoas. Sempre trabalhei em áreas industriais e o que mais me constrange ao cuidar desse tipo de negócio são os riscos envolvidos. Lembro-me de quando minha filha mais nova visitou a fábrica da Prada e perguntei ao final o que ela tinha achado. "Achei perigoso", respondeu. Não poderia ser mais precisa. Para mim é inaceitável que em uma mina ou uma fábrica não haja instalações adequadas para os funcionários. Já mandei retirar banheiro químico do almoxarifado para construir vestiários decentes. Parei operação por não estar de acordo com os parâmetros de segurança. Contratei funcionários extras para dar tranquilidade aos meus times durante operações mais complexas. E quando, apesar dos cuidados, um acidente acontece, fico abalado como se fosse a primeira vez.

Hoje, de maneira consciente, exercito a autenticidade adaptativa da qual fala Ibarra. Transformando-me a partir das circunstâncias, testando novas versões de mim ao interpretar diferentes personagens, conhecendo cada vez melhor minhas posturas inegociáveis, vou descobrindo a mim mesmo e aperfeiçoando quem sou diante da realidade.

### Quando o teatro transforma

O meu melhor caso sobre como o teatro promove transformações e desperta potências individuais é a experiência de Daira Rodrigues, gerente de Logística Reversa da CSN, que fez uma longa carreira na companhia.

Daira entrou como estagiária em 2000, egressa do curso técnico de eletromecânica. Após dezesseis anos na empresa, assumiu seu primeiro cargo de gerente, tornando-se responsável pelo almoxarifado e entreposto de recicláveis da mina Casa de Pedra, localizada em Congonhas (MG). Nós nos conhecemos nessa época, pois logo em seguida assumi a área de Vendas Especiais e empreendi um diagnóstico de todas as unidades de reciclagem da CSN. Apesar de ela não pertencer à estrutura da minha diretoria, nos aproximamos. Daira era apaixonada pelo assunto de reciclagem e eu gostava de ouvir suas ideias, seus problemas, e orientá-la. Vivemos juntos algumas situações divertidas, outras trágicas, e acabamos criando um laço que nos permitia ter francas conversas.

Em 2022, durante uma reunião, Daira teve um desempenho muito abaixo do que eu esperava — e do que sabia que ela era capaz de fazer.

Era uma sexta-feira. Naquele dia, pela manhã, um problema com a equipe em Congonhas a havia deixado muito chateada. À tarde, no momento de apresentar o (bom) trabalho que estava desenvolvendo na sua área, deixou transparecer toda a sua frustração. Falou sem o brilho nos olhos que costumava ter e adotou uma linguagem corporal incoerente com o recado positivo que tinha para dar. Terminada a reunião, dei esse feedback para ela. Daira ficou incomodada no primeiro momento, mas também sabia que ficara longe de sua melhor versão. Pegamos a estrada juntos ao final do dia e falamos sobre seus sentimentos, sobre como seu estado emocional podia afetar seus pares e sua equipe.

Durante esse bate-papo, fiz um convite ousado: que tal fazer algumas aulas de teatro? Expliquei que isso poderia ajudá-la a trabalhar suas emoções e sua linguagem corporal. Ela torceu o nariz. Disse que não tinha nada a ver com ela. Mesmo assim, mandei uma mensagem para a turma do Garoto Cidadão e pedi indicações de escolas de teatro na região. Deram-me o telefone de um curso em Barra Mansa (RJ), cidade vizinha a Volta Redonda. Perto das dezenove horas, antes de encerrar o dia, liguei para lhe passar o contato. Não insisti muito. Disse que confiava nela e deixei que pensasse no assunto.

Depois soube que Daira de fato ficou pensando no teatro durante o final de semana. "Entendi que estava errada, que não tinha conseguido me controlar na reunião", conta. Na segunda-feira, com vontade de fazer algo diferente, enviou uma mensagem para a escola. As aulas aconteciam às terças-feiras, das dezenove às 23 horas, e a secretária sugeriu que ela fosse no dia seguinte fazer uma aula teste. Daira tentou resistir dizendo que nunca havia feito teatro, que era tímida, mas ficou com o convite. Felizmente, no dia seguinte parou com as desculpas e lá foi ela, de calça legging.

> Eles foram muito receptivos. Coloquei minha dificuldade da timidez, disseram que eu participaria no meu tempo, e foi muito legal. Eu fazia tudo errado, mas consegui esquecer meus problemas e enxergar as coisas por uma perspectiva diferente. Em vários exercícios quis parar, sentia que estava atrapalhando, mas a turma me incentivava. Trabalhamos muito a concentração. Voltei rindo para casa. Eu não imaginava, nem minha família,

que passaria por essa experiência. Foi um desastre, mas eu gostei! Então continuei voltando.

A vivência de Daira no teatro teve consequências positivas que nem eu pudera prever. Ela começou a prestar mais atenção no tempo que dedicava a si mesma e ao seu corpo. Decidiu se cuidar como nunca havia feito. Naquele momento, tinha tendências sedentárias e estava evitando médicos, apesar de estar pré-diabética. Em março de 2023, alguns meses após começar as aulas de teatro, ajustou a rota.

> Comecei a me sentir melhor e queria entender meu corpo, cuidar dele para acompanhar o pessoal do teatro. Eu tinha dificuldade de me abaixar, por exemplo. Procurei uma endocrinologista e comecei a fazer um tratamento. Emagreci dezoito quilos. Aprendi a gostar de exercício. Hoje jogo tênis, faço natação e caminhada. Sinto falta quando fico parada.

Sua timidez aos poucos também está sendo superada. Ela ainda não apresentou uma peça para o público externo, mas já participou de montagens para os colegas da escola.

No trabalho, a diferença foi visível. Se antes costumava entrar quieta e sair calada das reuniões, mesmo quando era a pessoa que mais entendia do assunto em pauta, hoje é muito participativa. Expressa suas opiniões e por vezes conduz a conversa. "Antes eu não me colocava, ainda que tivesse certeza da minha opinião. Comecei a entender que isso me fazia mal e o teatro me ajudou", conta. Eu mesmo insistia nisso com ela havia muito tempo, incomodado de ver seus colegas com entregas menores ganhando muito mais visibilidade simplesmente porque eram melhores em marketing pessoal. Foi com o teatro que ela conquistou seu espaço na CSN. "Também faço exercícios porque percebi que minha fisionomia é meio fechada. Eu vou encolhendo o corpo para a frente. Agora me policio, acho que melhorei, mas ainda tem muito a fazer. São 45 anos dessa postura!", brinca.

Para mim, Daira voou. Não há palavra melhor para descrever sua evolução em tão pouco tempo. O incrível é que sua história é um exemplo da autenticidade adaptativa. Ela não deixou de ser a Daira, aquela estagiária de eletromecânica que aprendeu a conviver em um ambiente masculino, reservada por natureza, porém empoderada para exercitar uma nova versão de si mesma, com mais ferramentas para se realizar no âmbito pessoal e profissional.

Durante a organização deste livro, descobri que Mauricio Xavier, gerente de projetos da Prada, também teve uma experiência transformadora com o teatro na adolescência. Por ser muito inibido, aos catorze anos decidiu testar as aulas como um caminho para se soltar. Entrou por "necessidade", como ele mesmo definiu. Falava baixinho. Tinha vergonha de dançar. Morria de medo quando o professor o chamava para participar durante a aula. Não se achava bonito — um dilema difícil nessa fase da vida. O resultado? "O teatro me libertou", conta.

> Me trouxe autoconfiança, me fez enxergar o que eu tinha de bom. Descobri que tinha um sorriso bonito e aprendi a chegar sorrindo sempre, o que abriu portas na minha vida. Fui eleito representante de turma nos quatro anos em que estudei na escola técnica. Hoje não tenho medo de conversar com ninguém. Dependendo da pessoa, claro que dá um frio na barriga, mas depois paro e penso que é um ser humano como outro qualquer.

O que ouvi de Mauricio e o que testemunhei em relação a Daira apenas reforçaram minha crença no poder do teatro para o desenvolvimento de pessoas, especialmente de líderes.

### Teatro e neurociência

Desde que concluí meu mestrado e iniciei o projeto deste livro, continuei mergulhado em leituras e discussões sobre o teatro. Acabei me aprofundando nos estudos da neurociência, intrigado com o fato de que muitas das mudanças de comportamento que testemunhei empiricamente nos últimos anos encontram lastro científico nos mais recentes estudos sobre o funcionamento do nosso corpo e cérebro. Reúno neste último box prático algumas dessas evidências, ciente de que determinadas técnicas anteriormente apresentadas parecem "alternativas" demais para as empresas.

A lógica do mundo corporativo é muito influenciada — como, aliás, toda a sociedade ocidental — pelo dualismo corpo-mente de René Descartes, filósofo francês que viveu no século XVII, autor da emblemática frase "Penso, logo existo". Essa separação faz com que a maioria de nós credite ao cérebro e à racionalidade toda a fonte da inteligência humana. Por isso, falar sobre a importância do corpo, do olhar, da pausa, da afetação e da intuição no contexto das empresas pode parecer para algumas pessoas conversa de maluco ou esoterismo.

Acontece que pesquisas atuais da neurociência têm apontado que a inteligência não está só no cérebro; ela também vem do corpo. Sabemos hoje em dia que, além do cérebro, tanto o intestino como o coração possuem um número razoável de neurônios e que todos se comunicam entre si. Há também cada vez mais evidências de que hábitos tidos como produtivos nos escritórios, a exemplo da multitarefa e do trabalho em ritmo frenético, podem não ser o melhor caminho para atingir resultados excelentes e criativos.

Apesar de não ser especialista em neurociência, tenho me tornado um grande admirador das descobertas recentes dessa área, constatando que elas alicerçam aquilo que percebi empiricamente a partir das modificações que fiz no meu estilo de liderança — muitas delas inspirado pelo teatro.

O primeiro autor a me ajudar no questionamento das verdades cartesianas foi justamente um contemporâneo de Descartes, o filósofo holandês Baruch Espinosa. Ao mesmo tempo que Descartes formulava sua teoria, Espinosa apresentava uma visão unificada de corpo e mente. Na interpretação do renomado neurocientista português António Damásio, Espinosa sugeriu que o corpo molda os conteúdos da mente mais do que a mente molda os conteúdos do corpo. Parece-me incrível que o homem que viveu antes que a humanidade inventasse a lâmpada elétrica possa ter compreendido a natureza com tal profundidade a ponto de ser inspiração para cientistas do século XXI, que trabalham com avançados equipamentos de análise laboratorial. "Com efeito, Espinosa parece ter entrevisto parte de uma solução, uma possibilidade que fortaleceu as minhas próprias convicções", diz Damásio,[20] cujas publicações têm ajudado a esclarecer o papel das emoções e dos sentimentos na razão humana e os complexos processos que produzem o fenômeno da consciência.

Segundo Damásio, o sistema nervoso é o principal responsável pela concretização da mente, da consciência e do raciocínio criativo, mas qualquer teoria que dependa exclusivamente dele para justificar sua existência está condenada a falhar. Escreve ele em seu livro *Sentir e saber*:

> Embora seja verdade que a consciência, tal como a conhecemos, só surge, em toda a sua plenitude, nos organismos dotados de sistema nervoso, também é verdade que a consciência requer numerosas interações entre a parte central desses sistemas — o cérebro propriamente dito — e as várias componentes não nervosas do corpo.[21]

A mente, como ele descreve, é um filme sobre o que se passa no corpo e no mundo a sua volta; uma sucessão de representações criadas através de sistemas visuais, auditivos, táteis e das informações fornecidas pelo próprio corpo sobre o que está acontecendo com ele — quais músculos estão se contraindo, em que ritmo o coração está batendo e assim por diante.

A teoria de Damásio define que é no teatro do corpo que se desenrolam as emoções — as ações ou movimentos, geralmente públicos, que ocorrem em nosso rosto, voz e comportamentos específicos. A partir dessa definição, ele apresenta a parte contraintuitiva de sua pesquisa: que as emoções, ao contrário do que muitos de nós acreditam, precedem os sentimentos — aquilo que é invisível para o público, que só existe no âmbito privado do nosso cérebro. A explicação é relativamente simples. Temos emoções primeiro porque na evolução biológica elas vieram antes. As emoções foram construídas a partir de reações simples que promovem a sobrevida de um organismo e que foram facilmente adotadas pela evolução.

Esse é um assunto denso, que requer talvez a dedicação de um segundo mestrado para ser explicado. No entanto, o que interessa no âmbito deste livro é a conclusão de que o corpo e as emoções são fundamentais para o nosso raciocínio e tomada de decisão. Um corpo oprimido pode nos levar a uma inteligência castrada e a uma criatividade reduzida. O analfabetismo somático entre os líderes impede que desenvolvam habilidades como perceber as mudanças de humor das pessoas que os rodeiam e as tensões não verbalizadas. Ser capaz de trabalhar os aspectos físicos e as emoções é um caminho para ativar novos patamares de desempenho também no ambiente corporativo.

A lógica cartesiana da dualidade corpo e mente também tem sido desafiada em décadas recentes pelo conceito de cognição corporificada (tradução mais comum para o já consagrado termo em inglês *embodied cognition*). Tanto no campo da filosofia quanto no da ciência cognitiva, essa noção põe em xeque a posição dominante de que o corpo é periférico para o entendimento da mente e da cognição. A cognição corporificada parte do princípio de que aspectos físicos e corporais desempenham um papel causal e constitutivo nos processos mentais. O neurocientista teórico britânico Karl Friston afirma:

> É a noção de que, para entender completamente como o cérebro funciona e como os processos cognitivos operam, é preciso reconhecer que ele é corporificado. Vive em um corpo, usa um corpo e obtém todas as suas sensações por meio de um corpo [...]. Corporificar é apenas reconhecer a importância do corpo.[22]

No livro *Philosophy in the Flesh* [Filosofia na carne], George Lakoff e Mark Johnson desenvolvem uma análise de framework que enfatiza a ideia de que a experiência humana é determinada pela interação entre a fisiologia do organismo, seu circuito sensório-motor e o ambiente no qual o corpo está inserido.[23] Ou seja, nossa constituição e por onde circulamos definiriam o que e como pensamos. A razão surge da natureza dos nossos cérebros, corpos e experiências corporais. Escrevem os autores:

> Não se trata apenas da afirmação ineficaz e óbvia de que precisamos de um corpo para raciocinar; ao contrário, é a afirmação surpreendente de que a própria estrutura da razão vem dos detalhes de nossa corporificação. Os mesmos mecanismos neurais e cognitivos que nos permitem perceber e nos movimentar também criam nossos sistemas conceituais e modos de raciocínio.[24]

Essa mudança de entendimento significa assumir que não existe uma pessoa que siga o padrão cartesiano dualista, compartilhando exatamente a mesma razão transcendente e descorporificada com todos os outros seres humanos, sendo capaz de saber tudo sobre sua mente apenas por autorreflexão.

A cognição corporificada ainda é um campo incipiente a ser desbravado por experimentos científicos nas diversas áreas que tangencia, mas já há descobertas curiosas, como um estudo realizado por pesquisadores da Universidade Yale em 2008 sobre a influência da temperatura de uma xícara em nossas decisões.[25] Os psicólogos John Bargh e Lawrence Williams descobriram que pessoas julgam outras como mais generosas se estiverem segurando uma xícara quente de café do que se estiverem segurando uma xícara de café gelado. Em um segundo teste, eles concluíram que as pessoas são mais propensas a dar alguma coisa aos outros se estiverem segurando algo quente e mais propensas a pegar alguma coisa para si se estiverem segurando algo frio. São situações muito específicas, mas que apontam para a interação de corpo e mente — algo que novamente desafia a lógica do mundo corporativo e que está muito mais alinhado à atenção ao corpo dada no teatro.

Outra descoberta moderna da neurociência e que reforça as experiências que tive no teatro e posteriormente levei para meu ambiente de trabalho é a existência dos neurônios-espelho. Esse sistema neuronal foi descoberto na década de 1990 por pesquisadores liderados pelo neurocientista italiano Giacomo Rizzolatti. Estudando macacos, eles perceberam que as mesmas áreas cerebrais ativadas quando o animal executava uma ação, como segurar uma banana, eram ativadas quando o animal observava seus pares fazerem o mesmo movimento. Mais tarde, essa característica foi confirmada em humanos. Como explica a professora Edna Bertini,[26] coordenadora da área de neurociências do Grupo de Estudos e Pesquisa em Comportamento Humano, da Universidade Federal de São Paulo (Unifesp), antigamente pensava-se que a empatia — capacidade de reconhecer a emoção alheia — era decorrente de um processo puramente cognitivo. Isto é, observaríamos a expressão facial e corporal do interlocutor e, dadas suas características, poderíamos deduzir de qual emoção se tratava através de um processo lógico.

No entanto, pesquisas identificaram que os neurônios-espelho promovem essa compreensão imediata da experiência emocional do outro porque identificamos a mesma experiência em nós, num processo de ressonância. É como se, ao observar o estado emocional de alguém ao nosso redor, o sistema de neurônios-espelho gerasse em nós um estado similar ao da pessoa observada, como se automaticamente compartilhássemos sua experiência. Nas palavras do neurocientista Vilayanur Ramachandran:

> Na verdade, você está literalmente conectado por seus neurônios e por toda essa cadeia de neurônios ao redor desta sala, conversando entre si, e não há distinção real entre a sua consciência e a consciência de outra pessoa. Isso não é uma filosofia boba; isso emerge de nossa compreensão da neurociência básica.[27]

Quando me aprofundo nesses estudos, questões que mencionei neste livro como afetação, presença, empatia e estado de observação fazem ainda mais sentido e encontram lastro nesses avanços científicos.

Por fim, a neurociência também reforçou o que aprendi no teatro sobre a importância do "aqui e agora", de estar atento ao momento presente e de não se perder na ilusão de ser multitarefa. Diversas pesquisas mostram que nosso cérebro não está preparado para trabalhar alternando rapidamente a atenção. Ou seja, ler um documento enquanto acontece uma reunião enquanto respondemos a mensagens de texto enquanto rolamos o feed do Instagram simplesmente não é produtivo. Acabamos não estando concentrados na tarefa principal, o que gera necessidade de retrabalho. Ao tentar estar em todo lado ao mesmo tempo, acabamos não estando em lado nenhum, com uma acumulação extra de estresse. Como previu Herbert Simon, economista vencedor do prêmio Nobel, antes mesmo das redes sociais: "A informação consome atenção. Uma riqueza de informação leva a uma pobreza de atenção".

Clifford Nass, pesquisador da Universidade Stanford e uma das referências nessa área de estudo, afirmou em entrevista em 2013 que, "até agora, não achamos pessoas que são bem-sucedidas em multitarefa".[28] Anthony Wagner, professor de psicologia que seguiu os passos de Nass para continuar pesquisando o tema, explica que na realidade nosso cérebro só nos permite fazer uma coisa de cada vez e que nossa atenção se alterna entre assuntos. Ele liderou uma revisão de estudos apontando que pessoas conectadas em mais de uma mídia com frequência apresentam desempenho significativamente inferior em tarefas de memória de trabalho e atenção sustentada.[29]

David Rock, doutor em neurociência da liderança, fala sobre a ilusão da multitarefa em seu livro *Your Brain at Work* [Seu cérebro em ação]:

> O cérebro humano é, na verdade, incapaz de realizar mais de uma tarefa cognitiva ao mesmo tempo. Em vez disso, ele alterna rápido entre tarefas concorrentes, resultando no que é conhecido como "custo de alternância", um atraso que ocorre quando o cérebro armazena informações relacionadas a uma tarefa abandonada e redireciona sua atenção para uma nova tarefa. Diversos estudos demonstraram que as pessoas quase sempre demoram mais para concluir uma tarefa e cometem mais erros ao alternar tarefas do que quando se concentram em uma única tarefa por vez.[30]

A boa notícia, como explica Daniel Goleman, é que o controle cognitivo pode ser exercitado e fortalecido.[31] Uma pesquisa com estudantes universitários mostrou que sessões de apenas dez minutos de foco foram suficientes para aumentar suas habilidades de atenção em uma série de testes. Shirzad Chamine, professor da Universidade Stanford e autor do best-seller *Inteligência positiva*,[32] criou um programa para desenvolver a boa forma mental e emocional, baseado em exercícios curtos de três a cinco minutos, durante os quais o praticante se conecta com o seu corpo físico através dos sentidos. O programa já foi validado em mais de 500 mil pessoas no mundo inteiro, melhorando performance, qualidade dos relacionamentos e bem-estar geral. No meu caso, foi o contato com o teatro que me ajudou a conseguir estar no aqui e agora. O trabalho para representar um determinado personagem e os ensaios em grupo me trouxeram uma vivência de grande utilidade para o processo de atenção plena. Imagino que o princípio seja o mesmo apresentado por Goleman: é uma maneira de exercitar e fortalecer a atenção, que depois se desdobra nas outras áreas da vida.

As descobertas empíricas que fiz por meio do teatro e o valor que elas geraram no meu dia a dia como líder na CSN são extremamente valiosos e, creio, aplicáveis a outros contextos. Porém, ter evidências científicas apontando para a mesma direção reforça como a incorporação da arte nos negócios pode nos levar a um novo patamar de eficiência, criatividade e colaboração dentro das organizações.

### Saindo da roda do hamster

Refletindo sobre a minha pesquisa de mestrado, Daniela Carbognin, membro da minha banca, afirmou que, para pessoas informadas sobre as tendências de liderança, é fácil se interessar por vários dos temas que abordei ao longo da minha pesquisa. Autenticidade, autoconhecimento, empatia, escuta, integração de equipes... São palavras que já fazem parte do dicionário corporativo e dos manuais de boas práticas de gestão do século XXI. A maioria concordará que são conceitos e habilidades importantes para o líder moderno. A dificuldade está no fazer: no abismo entre a teoria e a prática, entre o saber e o agir. No esforço que precisamos empreender para, como diz Daniela, "romper com a rodinha do hamster".

Acredito que o teatro me tirou dessa roda. Ao ocupar despretensiosamente outro espaço, com crenças muitas vezes opostas às do mundo corporativo, enxerguei a vida por um novo ângulo. Sem buscar uma solução rápida ou milagrosa, permitindo-me afetar pelas novas ideias e práticas que encontrei nas artes cênicas, fui aos poucos sentindo seu efeito transformador.

Aquela ferramenta de gestão avariada à qual me referi no início do livro foi lentamente consertada. Hoje me sinto muito mais consciente e preparado para lidar com qualquer situação nos negócios. Isso não significa que não fique frustrado, irritado ou em dúvida. Mas, diante de um problema, sei que surgirá uma solução e sei como conduzir as pessoas para que me ajudem a encontrá-la. Percebo ainda que essa nova postura me levou a ser um líder muito mais respeitado. "O Nuno era um executivo extremamente pautado por resultados e diretivo. Hoje ele continua olhando para resultados, mas também reconhece o esforço. Está mais flexível, mais humano, mais sensível, capaz de olhar para a causa e para o que está por trás dos comportamentos", afirma Paulo Henrique Gomes, gerente-geral de operações na Prada, que me conhece desde que entrei na CSN.

Penso que ainda há muito a fazer e a evoluir. Entre tantos ensinamentos do mestre Stanislavski, um deles me afetou intensamente desde minhas primeiras leituras: sua obsessão por melhorar. Ao descrever o trabalho do ator sobre si mesmo, ele propõe uma jornada permanente de autoconhecimento e autodesenvolvimento. "O tema fundamental de nosso estúdio: 'estudar-estudar'. O teatro ou ergue o ser humano ou corrompe. Aquele que pensa que ele já não tem mais nada a estudar, que já alcançou tudo, este não tem lugar no estúdio."[33]

Não consigo deixar de ver aqui uma metáfora para o desafio da liderança, que também ergue ou corrompe, e que pode encontrar o fim da linha no exato momento em que achamos que já sabemos tudo. Esse convite ao constante crescimento, a amar aquilo que é sua profissão e a fazê-lo com altruísmo, se aplica igualmente àqueles que desejam ser líderes melhores. E, na medida em que o mundo está em constante evolução, seria uma expectativa irrealista continuar a ter sucesso sem evoluir.

Sigo aprendendo e explorando novos temas inspirado pelas minhas leituras e vivências corporativas. Mas fico feliz de perceber que muitas peças que faltavam no meu quebra-cabeça da liderança pude encontrar nas salas de ensaio, nos teóricos do teatro e nos versos de Shakespeare.

> **Na prática: Por onde eu começo a estudar teatro?**
>
> Ao longo deste livro mencionei diversos autores que me ajudaram a navegar nos universos das artes cênicas e da liderança. Essas referências foram fundamentais para que eu organizasse minhas próprias ideias e experiências, mas sei que o percurso que fiz — da cadeira executiva para a sala de teatro — não é um percurso que muitos leitores vão replicar. Por isso, deixo aqui uma lista com recomendações de leitura para quem quiser se aprofundar nas reflexões propostas nas

últimas páginas ou, quem sabe, adentrar nas peças teatrais. Separei livros de mais fácil entendimento que podem ser acessados mesmo por aqueles que nunca tiveram contato com o teatro.

PEÇAS
- *Mãe Coragem e seus filhos*, Bertolt Brecht
- *Um inimigo do povo*, Henrik Ibsen
- *Macbeth*, Shakespeare
- *Romeu e Julieta*, Shakespeare
- *Rei Lear*, Shakespeare
- *Otelo*, Shakespeare

TEATRO E LIDERANÇA
- *The Illusion of Leadership*, Piers Ibbotson
- *Improv Wisdom: Don't Prepare, Just Show Up*, Patricia Ryan Madson
- *O desafio da liderança*, James Kouzes e Barry Posner
- *Training to Imagine*, Kat Kopett
- *Antifrágil: Coisas que se beneficiam com o caos*, Nassim Taleb

AGRADECIMENTOS

EM GRANDE PARTE, o que fiz na minha vida foi resultado da escola. Por isso, não posso deixar de agradecer aos meus professores, que foram como nós na escada de corda da vida. Agradeço à minha professora do primeiro grau, D. Esmeralda, que me ajudou no português com aulas de reforço em sua casa para que conseguisse prosseguir para o ensino médio. Lembro-me até hoje das suas palavras: "Vou-te passar porque tens muita bagagem!". Naquela época, não sabia que isso se referia ao meu potencial. Se estivesse entre nós, imagino que ela ficaria muito feliz de saber que estou a publicar este livro.

Também agradeço à Professora Vieira Lino, que coordenava a nossa turma de química no final do ensino médio e foi especialmente responsável pela minha orientação para entrar na universidade; ao Professor Doutor Delgado Domingos, orientador do meu trabalho final de curso de engenharia e quem me enviou para estudar por um ano na Alemanha no programa ERASMUS — uma experiência que influenciou muito a minha vontade de ter uma carreira internacional. Agradeço também ao Professor Doutor Mariano Gago, um guia nos tempos de grêmio acadêmico, e à Professora Tejas, que foi minha parceira nas primeiras experiências de treinamento com o teatro. Na lista de professores, não poderia deixar de fazer um agradecimento muito especial à Professora Doutora Lígia Cortez, orientadora do meu mestrado em artes cênicas. Esta obra é, em grande parte, resultado da sua orientação.

O conteúdo que apresento neste livro também se baseia em muitas entrevistas realizadas com os meus colegas de trabalho e amigos, a quem agradeço a paciência e generosidade por participarem deste projeto. Agradeço também à comunidade da CSN, na pessoa de seu presidente, Benjamin Steinbruch, pelo ambiente corporativo que levou à germinação das ideias e modelos de que trato nesta obra. Espero que inspire muitos indivíduos e profissionais.

Agradeço também a Matinas Suzuki, a primeira pessoa da editora que leu a minha tese e viu nela um potencial livro, a Barbara Bigarelli, minha editora, pelo carinho e pela visão na condução dos trabalhos, e a Marcela Bourroul, minha ghost-writer, pela forma dedicada e inteligente como conduziu este trabalho.

Um agradecimento muito especial à minha mulher, Susana Azevedo, e às minhas filhas, Maria Sofia, Maria Beatriz e Maria Leonor, que acompanharam este projeto como se fosse delas.

NOTAS

INTRODUÇÃO [pp. 13-5]

1. William Shakespeare, *Teatro completo*. Trad. de Barbara Heliodora. Rio de Janeiro: Nova Fronteira, 2022.

ATO I — A DESCOBERTA DO TEATRO [pp. 17-39]

1. "As maiores empresas do Brasil". *Exame*, São Paulo, 18 set. 2024. Disponível em: <exame.com/revista-exame/um-brasil-em-expansao/>.
2. "As 10 maiores altas do Ibovespa em 2020". Valor Investe, 30 dez. 2020. Disponível em: <valorinveste.globo.com/mercados/renda-variavel/noticia/2020/12/30/as-10-acoes-maiores-altas-do-ibovespa-em-2020.ghtml>.
3. William Shakespeare, *Teatro completo*, op. cit.
4. Ibid.
5. Piers Ibbotson, *The Illusion of Leadership*. Londres: Palgrave Macmillan, 2008.
6. Viola Spolin, *Improvisação para o teatro*. São Paulo: Perspectiva, 2010, p. 10.
7. Instituto Augusto Boal, Vida e Obra. Disponível em: <https://augustoboal.com.br/vida-e-obra/>.
8. Augusto Boal, *Jogos para atores e não atores*. Rio de Janeiro: Civilização Brasileira, 2014.
9. Ibid.

## ATO II — A CONSTRUÇÃO DE UMA PONTE [pp. 41-78]

1. Piers Ibbotson, *The Illusion of Leadership*, op. cit.
2. Ibid.
3. Ver Daryl R. Conner, *Leading at the Edge of Chaos: How to Create the Nimble Organization*. Nova Jersey: Wiley, 1998; Douglas Griffin e Ralph Stacey, *Complexity and the Experience of Leading Organizations*. London: Routledge, 2005.
4. A tabela é inspirada no modelo apresentado pelos consultores Aaron Sachs e Anupam Kundu em artigo publicado em 2015 (www.thoughtworks.com/insights/blog/unfinished-business-organizational-transformation). Segundo eles, transformações organizacionais devem permitir às empresas encontrar o equilíbrio entre esses dois polos opostos de objetivos. Acredito que tendemos a estar cada vez mais do lado direito da tabela.
5. Piers Ibbotson, *The Illusion of Leadership*, op. cit.
6. William Shakespeare, *Teatro completo*, op. cit.
7. Vassíli O. Toporkov, "Las acciones físicas como metodología", em Sergio Jimenez, *El evangelio de Stanislavski según sus apostoles: Los apócrifos, la reforma, los falsos profetas y Judas Iscariote*. Cidade do México: Gaceta, 1990, p. 295.
8. Piers Ibbotson, *The Illusion of Leadership*, op. cit.
9. Ibid.
10. Ibid.
11. Don Johnson, *Corpo*. Rio de Janeiro: Nova Fronteira, 1990.
12. Patricia Ryan Madson, *Improv Wisdom: Don't Prepare, Just Show Up*. Nova York: Bell Tower, 2005.
13. Ibid.
14. Ibid.
15. Michael P. Ciuchta, Jay O'Toole e Anne S. Miner, "The Organizational Improvisation Landscape: Taking Stock and Looking Forward". *Journal of Management*, Thousand Oaks, v. 47, n. 1, pp. 288-316, 2021.
16. Patricia Ryan Madson, *Improv Wisdom: Don't Prepare, Just Show Up*, op. cit.
17. Ibid.
18. Keith Johnstone, *Impro: Improvisation and the Theatre*. Nova York: Routledge, 1987.
19. Piers Ibbotson, *The Illusion of Leadership*, op. cit.
20. Patricia Ryan Madson, *Improv Wisdom: Don't Prepare, Just Show Up*, op. cit.
21. Konstantin Stanislavski, *Rabota Aktera nad Rolju*. [S.l.: s.n.], 1957, pp. 340-1.
22. Marco Antonio Rodrigues, "Stanislavski e a tomada de decisão". *Olhares*, São Paulo, v. 7, n. 1/2, 2019.
23. Daniel Goleman, *Inteligência emocional: A teoria revolucionária que redefine o que é ser inteligente*. Rio de Janeiro: Objetiva, 2011, pp. 59-61.
24. Kevin Cashman, *The Pause Principle: Step Back to Lead Forward*. San Francisco: Berrett-Koehler, 2012, p. 41.

25. Tasha Eurich, "What Self-Awareness Really Is (and How to Cultivate It)". *Harvard Business Review*, Boston, 4 jan. 2018.
26. Miguel de Cervantes, *Dom Quixote*. São Paulo: Companhia das Letras, 2012.
27. Organização Mundial da Saúde, "Anxiety Disorders". Disponível em <https://www.who.int/news-room/fact-sheets/detail/anxiety-disorders>. Acesso em: 21 nov. 2024.
28. Bassam Khoury et al., "Mindfulness-Based Therapy: A Comprehensive Meta-Analysis". *Clinical Psychology Review*, Nova York, v. 33, n. 6, pp. 763-71, 2013. Disponível em: <doi.org/10.1016/j.cpr.2013.05.005>.
29. Fernando Pessoa, *Livro do desassossego (por Bernardo Soares)*. Lisboa: Ática, 1982. v. 1.
30. 17th State of Agile Report. Disponível em <https://www.praecipio.com/resources/insights/state-of-agile-special-edition>.
31. Nicolas Evreinoff, *The Theatre in Life*. Nova York: Brentano's, 1927.
32. Lotte Darsø, *Artful Creation: Learning Tales of Arts-in-Business*. Frederiksberg: Samfundslitteratur, 2004.
33. Tracey Camilleri, Samantha Rockey e Robin Dunbar, *The Social Brain: The Psychology of Successful Groups*. Londres: Random House, 2024.

ATO III — PAUSA PARA O MERGULHO [pp. 79-116]

1. William Shakespeare, *Teatro completo*, op. cit.
2. Simon Sinek, *Comece pelo porquê: Como grandes líderes inspiram pessoas e equipes a agir*. Trad. de Paulo Geiger. Rio de Janeiro: Sextante, 2018.
3. Kenneth Burke, *A Grammar of Motives*. Londres: University of California Press, 1969.
4. William Shakespeare, *Como gostais seguido de Conto de inverno*. Trad. de Beatriz Viégas-Faria. Porto Alegre: L&PM, 2009.
5. Paul Corrigan, *Shakespeare on Management: Leadership Lessons for Today's Management*. Londres: Kogan Page, 2000.
6. Ibid.
7. William Shakespeare, *Teatro completo*, op. cit.
8. Ibid.
9. Ibid.
10. Ibid.
11. Ibid.
12. "Napoleão Bonaparte sob diferentes visões: A construção de um mito". Ensinar História, 10 mar. 2023. Disponível em: <https://ensinarhistoria.com.br/napoleao-bonaparte-sob-diferentes-visoes/>.
13. Harold Bloom (Org.), *Bloom's Shakespeare Through the Ages: Richard III*. Nova York: Chelsea House Publications, 2010.
14. Paul Corrigan, *Shakespeare on Management*, op. cit.

15. Ibid.
16. William Shakespeare, *Teatro completo*, op. cit.
17. Ibid.
18. Paul Corrigan, *Shakespeare on Management*, op. cit.
19. William Shakespeare, *Teatro completo*, op. cit.
20. Id., *Como gostais seguido de Conto de inverno*. Porto Alegre: LP&M, 2009.
21. Id., *Teatro completo*, op. cit.
22. "Coisa que não edifica nem destrói: Sobre políticos e palhaços". Apresentador: Ricardo Pereira. Entrevistado: António Feijó. Podcast, Spotify, 2023. Disponível em <open.spotify.com/episode/2vv1xF5xlbOGdneFvzeLV3?si=rP0NGlX4TLiuZ-Qy4h76CNw>.
23. William Shakespeare, *Teatro completo*, op. cit.
24. Ibid.
25. Stewart Clegg, Miguel Pina e Cunha, Arménio Rego e Marco Berti, "Speaking Truth to Power: The Academic as Jester Stimulating Management Learning". *Management Learning*, Londres, v. 53, n. 3, pp. 547-65, 2022. Disponível em: <doi.org/10.1177/13505076211038080>.
26. Jim Euchner, "The Corporate Jester". *Research-Technology Management*, Filadélfia, v. 63, n. 1, pp. 10-1, 2019. Disponível em: <doi.org/10.1080/08956308.2020.1686262>.
27. BAKHTIN, Mikhail. *Rabelais and His World*. Trad. de Helene Iswolsky. Bloomington, IN: Indiana University Press, 1984.
28. William Shakespeare, *Teatro completo*, op. cit.
29. Ibid.
30. "Hamlet e o mundo como palco". Leandro Karnal, Café Filosófico CPFL. YouTube, 30 ago. 2016. Disponível em: <www.youtube.com/watch?v=JNn8jNEalso>.
31. "Hamlet, Thy Name Is Woman". Sara Clark, TEdx Talks. YouTube, 8 jan. 2020. Disponível em: <www.youtube.com/watch?v=hw3Ncpzvl1s>.
32. "Shakespeare's Women 2016 Lecture". Meg Lota Brown, University of Arizona Libraries. YouTube, 15 fev. 2016. Disponível em: <www.youtube.com/watch?v=TeoHJvnoefM>.
33. "Hamlet, Thy Name Is Woman". Sara Clark, TEdx Talks. YouTube, 8 jan. 2020. Disponível em: <www.youtube.com/watch?v=hw3Ncpzvl1s>.
34. Harold Bloom, *Shakespeare: The Invention of the Human*, op. cit.
35. Nara Vidal, *Shakespearianas: As mulheres em Shakespeare*. Belo Horizonte: Relicário, 2023, pp. 51 e 56.
36. Harold Bloom, *Shakespeare: The Invention of the Human*, op. cit.
37. Nara Vidal, *Shakespearianas: As mulheres em Shakespeare*, op. cit., p. 112.
38. Ibid., p. 39.
39. Harold Bloom, *Shakespeare: The Invention of the Human*, op. cit.
40. Yuval Noah Harari, *Sapien: Uma breve história da humanidade*. São Paulo: Companhia das Letras, 2011.

41. "The Importance of Stories". Simon Sinek. YouTube, 10 nov. 2021. Disponível em: <www.youtube.com/watch?v=ARRzYvDGgwY&t=41s>.

ATO IV — PROVA DE FOGO [pp. 117-62]

1. James M. Kouzes e Barry Z. Posner, *O desafio da liderança*. 2. ed. Rio de Janeiro: Campus, 1997.
2. Piers Ibbotson, *The Illusion of Leadership*, op. cit.
3. Ibid., p. 12.
4. Ibid.
5. Keith Johnstone, *Impro: Improvisation and the Theatre*, op. cit.
6. Ibid.
7. Ibid.
8. Ibid.
9. Ibid.
10. Piers Ibbotson, *The Illusion of Leadership*, op. cit., p. 12.
11. Amy Edmondson, *A organização sem medo: Criando segurança psicológica no local de trabalho para aprendizado, inovação e crescimento*. Rio de Janeiro: Alta Books, 2020.
12. Id., "Psychological Safety and Learning Behavior in Work Teams". *Administrative Science Quarterly*, Nova York, v. 44, n. 2, pp. 350-83, jun. 1999.
13. <fearlessorganizationscan.com/engage/test-the-psychological-safety-in-your-team>.
14. Patrick Lencioni, *Os 5 desafios das equipes*. Rio de Janeiro: Sextante, 2015.
15. William Shakespeare, *Teatro completo*, op. cit.

ATO V — TRANSFORMAR A SI MESMO [pp. 163-201]

1. Viola Spolin, *Improvisação para o teatro*, op. cit., p. 10.
2. "What Did Albert Einstein Mean When He Wrote That God 'Does Not Play Dice'?". Encyclopedia Britannica, [s.d.]. Disponível em: <www.britannica.com/question/What-did-Albert-Einstein-mean-when-he-wrote-that-God-does-not-play-dice>.
3. Max Born, "Banquet Speech". The Nobel Prize, 10 dez. 1954. Disponível em: <www.nobelprize.org/prizes/physics/1954/born/speech/>.
4. "Abelhas sem ferrão: Um mundo fascinante dentro de pequenas caixas". Epagri, 22 set. 2020. Disponível em: <www.epagri.sc.gov.br/index.php/2020/09/22/abelhas-em-ferrao-um-mundo-fascinante-dentro-de-pequenas-caixas/>.
5. Gary Klein, *The Power of Intuition: How to Use Your Gut Feelings to Make Better Decisions at Work*. Nova York: Crown Currency, 2004.
6. Daniel Kahneman, *Rápido e devagar: Duas formas de pensar*. Rio de Janeiro: Objetiva, 2012, p. 17.

7. Piers Ibbotson, *The Illusion of Leadership*, op. cit.
8. Nassim Nicholas Taleb, *Antifrágil: Coisas que se beneficiam com o caos*. Rio de Janeiro: Objetiva, 2022.
9. Augusto Boal, *Jogos para atores e não atores*, op. cit.
10. Maria Knebel, *Análise-ação: Práticas das ideias teatrais de Stanislavski*. São Paulo: Ed. 34, 2006.
11. Stanislavski apud Maria Knebel, *Análise-ação: Práticas das ideias teatrais de Stanislavski*, op. cit.
12. Piers Ibbotson, *The Illusion of Leadership*, op. cit.
13. Elisa Campos, "Missão dada é missão cumprida". *Época Negócios*, São Paulo, 25 nov. 2016. Disponível em: <epocanegocios.globo.com/Carreira/noticia/2016/11/missao-dada-e-missao-cumprida.html>.
14. Piers Ibbotson, *The Illusion of Leadership*, op. cit.
15. Hermina Ibarra, "The Authenticity Paradox". *Harvard Business Review*, Boston, jan./fev. 2015.
16. Ibid.
17. Kevin Cashman, *Leadership from the Inside Out: Becoming a Leader for Life*. San Francisco: Berrett-Koehler, 2008, p. 36.
18. Id., *The Pause Principle: Step Back to Lead Forward*. San Francisco: Berrett-Koehler, 2012.
19. Piers Ibbotson, *The Illusion of Leadership*, op. cit.
20. António Damásio, *Ao encontro de Espinosa: As emoções sociais e a neurologia do sentir*. Lisboa: Bertrand, 2019.
21. Id., *Sentir e saber: As origens da consciência*. São Paulo: Companhia das Letras, 2022.
22. "Embodied Cognition — Karl Friston". Serious Science. YouTube, 1 jun. 2018. Disponível em: <www.youtube.com/watch?v=HW0JnjgCO3o>.
23. George Lakoff e Mark Johnson, *Philosophy in the Flesh: The Embodied Mind & Its Challenge to Western Though*. Nova York: Basic, 1999.
24. Ibid.
25. "With Hot Coffee, We See a Warm Heart, Yale Researchers Find". YaleNews, 23 out. 2008. Disponível em: <news.yale.edu/2008/10/23/hot-coffee-we-see-warm-heart-yale-researchers-find>.
26. Edna Bertini, "Neurônios espelho e empatia". *Jornal da PUC-SP*, São Paulo, 12 set. 2017. Disponível em: <j.pucsp.br/artigo/neuronios-espelho-e-empatia>.
27. "The Neurons That Shaped Civilization". Vilayanur Ramachandran, TED-Ed. YouTube, 31 ago. 2013. Disponível em: <www.youtube.com/watch?v=l80zgw07W4Y&t=54s>.
28. "The Myth of Multitasking". NPR, 10 maio 2013. Disponível em: <www.npr.org/2013/05/10/182861382/the-myth-of-multitasking>.
29. "A Decade of Data Reveals That Heavy Multitaskers Have Reduced Memory, Stanford Psychologist Says". *Stanford Report*, Palo Alto, 25 out. 2018. Disponível em:

<news.stanford.edu/stories/2018/10/decade-data-reveals-heavy-multitaskers-reduced-memory-psychologist-says>.
30. David Rock, *Your Brain at Work: Strategies for Overcoming Distraction, Regaining Focus, and Working Smarter All Day Long*. Nova York: HarperBusiness, 2009.
31. Daniel Goleman, "Multitasking Isn't Making You More Efficient, It's Frying Your Attention Span". LinkedIn, 9 set. 2017. Disponível em: <www.linkedin.com/pulse/multitasking-isnt-making-you-more-efficient-its-frying-daniel-goleman/>.
32. Shirzad Chamine, *Inteligência positiva: Por que só 20% das equipes e dos indivíduos alcançam seu verdadeiro potencial e como você pode alcançar o seu*. Rio de Janeiro: Objetiva, 2013.
33. Nair D'Agostini, *Stanislavski e o método de análise ativa: A criação do diretor e do ator*. São Paulo: Perspectiva, 2018.

# REFERÊNCIAS BIBLIOGRÁFICAS

## LIVROS

BENNIS, Warren G.; NANUS, Burt. *Líderes: Estratégias para assumir a verdadeira liderança*. Trad. de Auriphebo B. Simões. São Paulo: Harbra, 1988.

BERTHERAT, Thérèse. *O corpo tem suas razões: Antiginástica e consciência de si*. 21. ed. Trad. de Estela dos Santos Abreu. São Paulo: WMF Martins Fontes, 2010.

BLOOM, Harold. *Shakespeare: A invenção do humano*. Trad. de José Roberto O'Shea. Rio de Janeiro: Objetiva, 2000.

_____ (Org.). *Bloom's Shakespeare Through the Ages: Richard III*. Nova York: Chelsea House Publications, 2010.

BOAL, Augusto. *Jogos para atores e não atores*. 16. ed. Rio de Janeiro: Civilização Brasileira, 2014.

BURKE, Kenneth. *A Grammar of Motives*. Berkeley: University of California Press, 1969.

_____. *A Rhetoric of Motives*. Berkeley: University of California Press, 1969.

CAMILLERI, Tracey; ROCKEY, Samantha; DUNBAR, Robin. *The Social Brain: The Psychology of Successful Groups*. Londres: Random House, 2024.

CASHMAN, Kevin. *The Pause Principle: Step Back to Lead Forward*. San Francisco: Berrett-Koehler, 2012.

CHAMINE, Shirzad. *Inteligência positiva: Por que só 20% das equipes e dos indivíduos alcançam seu verdadeiro potencial e como você pode alcançar o seu*. Trad. de Regiane Winarski. Rio de Janeiro: Objetiva, 2013.

CONER, Daryl R. *Leading at the Edge of Chaos: How to Create the Nimble Organization*. Nova Jersey: Wiley, 1998.

CORRIGAN, Paul. *Shakespeare on Management: Leadership Lessons for Today's Management*. Londres: Kogan Page, 2000. [Ed. bras.: *Shakespeare na administração de negócios*. Trad. de Roberto Galman. São Paulo: Makron, 2000.]

D'AGOSTINI, Nair. *Stanislavski e o método de análise ativa: A criação do diretor e do ator*. São Paulo: Perspectiva, 2018.

DAMÁSIO, António. *Ao encontro de Espinosa: As emoções sociais e a neurologia do sentir*. Lisboa: Bertrand, 2019.

_____. *Sentir e saber: As origens da consciência*. São Paulo: Companhia das Letras, 2022.

DARSØ, Lotte. *Artful Creation: Learning Tales of Arts-in-Business*. Frederiksberg: Samfundslitteratur, 2004.

EDMONDSON, Amy. *A organização sem medo: Criando segurança psicológica no local de trabalho para aprendizado, inovação e crescimento*. Trad. de Thais Cots. Rio de Janeiro: Alta Books, 2020.

EVREINOFF, Nicolas. *The Theatre in Life*. Nova York: Brentano's, 1927.

GEDEÃO, António. *Obra poética*. Lisboa: João Sá da Costa, 2001.

GOFFMAN, Erving. *A representação do eu na vida cotidiana*. 20. ed. Trad. de Maria Célia Santos Raposo. Petrópolis: Vozes, 2014.

GOLEMAN, Daniel. *Inteligência emocional: A teoria revolucionária que redefine o que é ser inteligente*. Trad. de Marcos Santarrita. Rio de Janeiro: Objetiva, 2011.

_____. *Foco: A atenção e seu papel fundamental para o sucesso*. Trad. de Cássia Zanon. Rio de Janeiro: Objetiva, 2014.

GRIFIN, Douglas; STACEY, Ralph. *Complexity and the Experience of Leading Organizations*. London: Routledge, 2005.

HARARI, Yuval Noah. *Sapiens: Uma breve história da humanidade*. Trad. de Jorio Dauster. São Paulo: Companhia das Letras, 2020.

IBARRA, Herminia. *Act Like a Leader, Think Like a Leader*. Brighton (MA): Harvard Business Review Press, 2015.

IBBOTSON, Piers. *The Illusion of Leadership*. Londres: Palgrave Macmillan, 2008.

JOHNSON, Don. *Corpo*. Rio de Janeiro: Nova Fronteira, 1990.

JOHNSTONE, Keith. *Impro: Improvisation and the Theatre*. Nova York: Routledge, 1987.

KAHNEMAN, Daniel. *Rápido e devagar: Duas formas de pensar*. Trad. de Cássio de Arantes Leite. Rio de Janeiro: Objetiva, 2012.

KNEBEL, Maria. *Análise-ação: Práticas das ideias teatrais de Stanislavski*. Trad. de Marina Tenório e Diego Moschkovich. São Paulo: Ed. 34, 2006.

KOPPETT, Kat. *Training to Imagine*. 2. ed. Sterling (VA): Stylus, 2013.

KOUZES, James M.; POSNER, Barry Z. *O desafio da liderança*. 2. ed. Trad. de Ana Beatriz Rodrigues. Rio de Janeiro: Campus, 1997.

LAKOFF, George; JOHNSON, Mark. *Metaphors We Live By*. Chicago: The University of Chicago Press, 1980.

_____. *Philosophy in the Flesh: The Embodied Mind & Its Challenge to Western Though*. Nova York: Basic, 1999.

## REFERÊNCIAS BIBLIOGRÁFICAS

MADSON, Patricia Ryan. *Improv Wisdom: Don't Prepare, Just Show Up*. Nova York: Bell Tower, 2005.

OHNO, Taiichi. *Workplace Management*. Nova York: McGraw-Hill, 2013.

PESSOA, Fernando. *Livro do desassossego (por Bernardo Soares)*. Lisboa: Ática, 1982. v. 1.

ROCK, David. *Your Brain at Work: Strategies for Overcoming Distraction, Regaining Focus, and Working Smarter All Day Long*. Nova York: HarperBusiness, 2009.

SHAKESPEARE, William. *Como gostais seguido de Conto de inverno*. Trad. de Beatriz Viégas-Faria. Porto Alegre: L&PM, 2009.

_____. *Teatro completo*. Trad. de Barbara Heliodora. Rio de Janeiro: Nova Fronteira, 2022. 3 v.

SINEK, Simon. *Comece pelo porquê: Como grandes líderes inspiram pessoas e equipes a agir*. Trad. de Paulo Geiger. Rio de Janeiro: Sextante, 2018.

SPOLIN, Viola. *Improvisação para o teatro*. Trad. de Ingrid Koudela e Eduardo José de Almeida Santos. São Paulo: Perspectiva, 2010.

STANISLAVSKI, Konstantin. *Rabota Aktera nad Rolju* [O trabalho do ator sobre seu papel]. [S.l.: s.n.], 1957.

_____. *Minha vida na arte*. Trad. de Paulo Bezerra. Rio de Janeiro: Civilização Brasileira, 1989.

_____. *An Actor's Work: A Student's Diary*. Trad. de Jean Benedetti. Londres: Routledge, 2008.

TALEB, Nassim Nicholas. *Antifrágil: Coisas que se beneficiam com o caos*. Trad. de Renato Marques. Rio de Janeiro: Objetiva, 2022.

TOPORKOV, Vassíli O. "Las acciones físicas como metodología". In: JIMENEZ, Sergio. *El evangelio de Stanislavski según sus apostoles: Los apócrifos, la reforma, los falsos profetas y Judas Iscariote*. Cidade do México: Gaceta, 1990.

VIDAL, Nara. *Shakespearianas: As mulheres em Shakespeare*. Belo Horizonte: Relicário, 2023.

### TRABALHO ACADÊMICO

SARAMAGO, Nuno Francisco Bruno. *Liderança criativa através do teatro: Navegações pelos mares das artes cênicas ao encontro do desenvolvimento da liderança*. São Paulo: Escola Superior de Artes Célia Helena, 2022. 124 pp. Trabalho de Conclusão de Curso (Mestrado Profissional em Artes da Cena). Disponível em: <https://celiahelenaart.sharepoint.com/:b:/s/mes/EXw50W74d2REoYVV-1frO-TcByfSrEZErKuFbsC4AfkbaNg?e=k8uUwb>. Acesso em: 16 abr. 2025.

### NOTÍCIAS

"ABELHAS sem ferrão: Um mundo fascinante dentro de pequenas caixas". Epagri, 22 set. 2020. Disponível em: <www.epagri.sc.gov.br/index.php/2020/09/22/abelhas-

em-ferrao-um-mundo-fascinante-dentro-de-pequenas-caixas/>. Acesso em: 3 fev. 2025.

"A DECADE of Data Reveals That Heavy Multitaskers Have Reduced Memory, Stanford Psychologist Says". *Stanford Report*, Palo Alto, 25 out. 2018. Disponível em: <news.stanford.edu/stories/2018/10/decade-data-reveals-heavy-multitaskers-reduced-memory-psychologist-says>. Acesso em: 3 fev. 2025.

BASKIN, Kara. "Four Steps to Building the Psychological Safety That High-Performing Teams Need". *Harvard Business School Working Knowledge*, Boston, 14 jun. 2023. Disponível em: <hbswk.hbs.edu/item/four-steps-to-build-the-psychological-safety-that-high-performing-teams-need-today>. Acesso em: 3 fev. 2025.

BERTINI, Edna. "Neurônios espelho e empatia". *Jornal da PUC-SP*, São Paulo, 12 set. 2017. Disponível em: <j.pucsp.br/artigo/neuronios-espelho-e-empatia>. Acesso em: 3 fev. 2025.

BORN, Max. "Banquet Speech". The Nobel Prize, 10 dez. 1954. Disponível em: <www.nobelprize.org/prizes/physics/1954/born/speech/>. Acesso em: 3 fev. 2025.

CAMPOS, Elisa. "Missão dada é missão cumprida". *Época Negócios*, São Paulo, 25 nov. 2016. Disponível em: <epocanegocios.globo.com/Carreira/noticia/2016/11/missao-dada-e-missao-cumprida.html>. Acesso em: 29 maio 2025.

"CSN adquire ativos da Prada pela quantia simbólica de R$ 1". CNM/CUT, 2 maio 2006. Disponível em: <cnmcut.org.br/noticias/csn-adquire-ativos-da-prada-pela-quantia-simbolica-de-r-1-74a5#:~:text=O%20Conselho%20de%20Administra%C3%A7%C3%A3o%20da,compra%20da%20fabricante%20de%20latas>. Acesso em: 3 fev. 2025.

EHRENFELD, Temma. "Reflections on Mirror Neurons". Association for Psychological Science, 27 fev. 2011. Disponível em: <www.psychologicalscience.org/observer/reflections-on-mirror-neurons/comment-page-1>. Acesso em: 3 fev. 2025.

FERRON, Fabio Maleronka; PRETTI, Lucas. "Fátima Toledo". Repositório Rui Barbosa de Informações Culturais, 4 maio 2010. Disponível em: <rubi.casaruibarbosa.gov.br/bitstream/handle/20.500.11997/7195/F%C3%A1tima%20Toledo%20-%20entrevista%2004.05.2010.pdf?sequence=29&isAllowed=y >. Acesso em: 3 fev. 2025.

FRAIA, Emilio. "Como não ser ator". *piauí*, Rio de Janeiro, n. 28, jan. 2009. Disponível em: <piaui.folha.uol.com.br/materia/como-nao-ser-ator/>. Acesso em: 3 fev. 2025.

GALLO, Amy. "What Is Psychological Safety?". *Harvard Business Review*, Boston, 15 fev. 2023. Disponível em: <hbr.org/2023/02/what-is-psychological-safety>. Acesso em: 3 fev. 2025.

GOLEMAN, Daniel. "Multitasking Isn't Making You More Efficient, It's Frying Your Attention Span". LinkedIn, 9 set. 2017. Disponível em: <www.linkedin.com/pulse/multitasking-isnt-making-you-more-efficient-its-frying-daniel-goleman/>. Acesso em: 3 fev. 2025.

GOMEZ, Natália; RIBEIRO, Ivo. "Prada, em dificuldade, perde mercado e reduz a produção". *Valor Econômico*, São Paulo, Empresas &, p. B10, 1 set. 2005. Disponível em: <www2.senado.leg.br/bdsf/bitstream/handle/id/454515/noticia.htm?sequence=1>. Acesso em: 3 fev. 2025.

# REFERÊNCIAS BIBLIOGRÁFICAS

MCGATH, Gary. "The Banning of the Bard". The Online Library of Liberty, 19 out. 2022. Disponível em: <oll.libertyfund.org/publications/reading-room/2022-10-19-the-banning-of-the-bard>. Acesso em: 3 fev. 2025.

MCNERNEY, Samuel. "A Brief Guide to Embodied Cognition: Why You Are Not Your Brain". *Scientific American*, 4 nov. 2011. Disponível em: <www.scientificamerican.com/blog/guest-blog/a-brief-guide-to-embodied-cognition-why-you-are-not-your-brain/>. Acesso em: 3 fev. 2025.

"NAPOLEÃO Bonaparte sob diferentes visões: A construção de um mito". Ensinar História, 10 mar. 2023. Disponível em: <ensinarhistoria.com.br/napoleao-bonaparte-sob-diferentes-visoes/>. Acesso em: 3 fev. 2025.

PETERSON, Jordan. "The Fool Is the Precursor of the Savior". LinkedIn, [s.d.]. Disponível em: <www.linkedin.com/posts/jordanbpeterson_the-fool-is-the-precursor-to-the-savior-activity-7173791169355599872-0y9A/>. Acesso em: 3 fev. 2025.

"STATUS". Improwiki, [s.d.]. Disponível em: <improwiki.com/en/wiki/improv/status>. Acesso em: 3 fev. 2025.

SUTTON, Jeremy. "Mirror Neurons and the Neuroscience of Empathy". *Positive Psychology*, 7 set. 2023. Disponível em: <positivepsychology.com/mirror-neurons/#the-neuroscience-of-empathy-and-mirror-neurons>. Acesso em: 3 fev. 2025.

"THE MYTH of Multitasking". NPR, 10 maio 2013. Disponível em: <www.npr.org/2013/05/10/182861382/the-myth-of-multitasking>. Acesso em: 3 fev. 2025.

"TIMELINE of Shakespeare's Plays". Royal Shakespeare Company, [s.d.]. Disponível em: <www.rsc.org.uk/shakespeares-plays/histories-timeline/timeline>. Acesso em: 3 fev. 2025.

"WITH Hot Coffee, We See a Warm Heart, Yale Researchers Find". *YaleNews*, 23 out. 2008. Disponível em: <news.yale.edu/2008/10/23/hot-coffee-we-see-warm-heart-yale-researchers-find>. Acesso em: 3 fev. 2025.

"WOMEN in Shakespeare's Writing". SparkNotes, [s.d.]. Disponível em: <www.sparknotes.com/shakespeare/life-and-times/social-context/women-in-shakespeares-writing/>. Acesso em: 3 fev. 2025.

## VÍDEOS

"BUILDING a Psychologically Safe Workplace". Amy Edmondson, TEDX Talks. YouTube, 5 maio 2014. Disponível em: <www.youtube.com/watch?v=LhoLuui9gX8>. Acesso em: 3 fev. 2025.

"CLINT Dyer Explores His Groundbreaking Vision for *Othello* at the National Theatre". YouTube, 21 dez. 2022. Disponível em: <www.youtube.com/watch?v=BXlwmt1Ub-TE>. Acesso em: 3 fev. 2025.

"DAME Judi Dench Stuns Everyone with Her Shakespeare Sonnet Reading". The Graham Norton Show, BBC. YouTube, 1 nov. 2023. Disponível em: <www.youtube.com/watch?v=t_X1dbO-quI>. Acesso em: 3 fev. 2025.

"EMBODIED Cognition — Karl Friston". Serious Science. YouTube, 1 jun. 2018. Disponível em: <www.youtube.com/watch?v=HW0JnjgCO3o>. Acesso em: 3 fev. 2025.

"HAMLET e o mundo como palco". Leandro Karnal, Café Filosófico CPFL. YouTube, 30 ago. 2016. Disponível em: <www.youtube.com/watch?v=JNn8jNEalso>.

"HAMLET, Thy Name Is Woman". Sara Clark, TEDX Talks. YouTube, 8 jan. 2020. Disponível em: <www.youtube.com/watch?v=hw3Ncpzvl1s>. Acesso em: 3 fev. 2025.

"SHAKESPEARE's Women 2016 Lecture". Meg Lota Brown, University of Arizona Libraries. YouTube, 15 fev. 2016. Disponível em: <www.youtube.com/watch?v=TeoHJvnoefM>. Acesso em: 3 fev. 2025.

"THE IMPORTANCE of Stories". Simon Sinek. YouTube, 10 nov. 2021. Disponível em: <www.youtube.com/watch?v=ARRzYvDGgwY&t=41s>. Acesso em: 3 fev. 2025.

"THE NEURONS That Shaped Civilization". Vilayanur Ramachandran, TED-Ed. YouTube, 31 ago. 2013. Disponível em: <www.youtube.com/watch?v=l80zgw07W4Y&t=54s>. Acesso em: 3 fev. 2025.

"THE PSYCHOLOGY of the Fool". YouTube, 25 maio 2023. Disponível em: <www.youtube.com/watch?v=jLWpuLH3t6k>. Acesso em: 3 fev. 2025.

"WOMEN's Contribution to Shakespeare Productions". Julie Crawford, Oxford Academic. YouTube, 17 dez. 2015. Disponível em: <www.youtube.com/watch?v=gCbzT3_vc_M>. Acesso em: 3 fev. 2025.

ARTIGOS

BONINI, Luca et al. "Mirror Neurons 30 Years Later: Implications and Applications". *Trends in Cognitive Sciences*, Oxford, v. 26, n. 9, pp. 767-81, 2022. Disponível em: <doi.org/10.1016/j.tics.2022.06.003>. Acesso em: 3 fev. 2025.

CIUCHTA, Michael P.; O'TOOLE, Jay; MINER, Anne S. "The Organizational Improvisation Landscape: Taking Stock and Looking Forward". *Journal of Management*, Thousand Oaks, v. 47, n. 1, pp. 288-316, 2021.

CLEGG, Stewart; CUNHA, Miguel Pina e; REGO, Arménio; BERTI, Marco. "Speaking Truth to Power: The Academic as Jester Stimulating Management Learning". *Management Learning*, Londres, v. 53, n. 3, pp. 547-65, 2022. Disponível em: <doi.org/10.1177/13505076211038080>. Acesso em: 3 fev. 2025.

EDMONDSON, Amy. "Psychological Safety and Learning Behavior in Work Teams". *Administrative Science Quarterly*, Nova York, v. 44, n. 2, pp. 350-83, jun. 1999.

EUCHNER, Jim. "The Corporate Jester". *Research-Technology Management*, Filadélfia, v. 63, n. 1, pp. 10-1, 2019. Disponível em: <doi.org/10.1080/08956308.2020.1686262>. Acesso em: 3 fev. 2025.

EURICH, Tasha. "What Self-Awareness Really Is (and How to Cultivate It)". *Harvard Business Review*, Boston, 4 jan. 2018.

IBARRA, Herminia. "The Authenticity Paradox". *Harvard Business Review*, Boston, jan./fev. 2015.

## REFERÊNCIAS BIBLIOGRÁFICAS

KHOURY, Bassam et al. "Mindfulness-Based Therapy: A Comprehensive Meta-Analysis". *Clinical Psychology Review*, Nova York, v. 33, n. 6, pp. 763-71, 2013. Disponível em: <doi.org/10.1016/j.cpr.2013.05.005>. Acesso em: 3 fev. 2025.

LENCIONI, Patrick. *Os 5 desafios das equipes*. Trad. de Simone Lemberg Reisner. Rio de Janeiro: Sextante, 2015.

MACRINE, Sheila; FUGATE, Jennifer. "Embodied Cognition". *Oxford Research Encyclopedia of Education*, Oxford, 30 jan. 2020. Disponível em: <oxfordre.com/education/view/10.1093/acrefore/9780190264093.001.0001/acrefore-9780190264093-e-885>. Acesso em: 3 fev. 2025.

MADORE, Kevin; WAGNER, Anthony. "Multicosts of Multitasking". *Cerebrum*, Nova York, 1 abr. 2019. Disponível em: <pubmed.ncbi.nlm.nih.gov/32206165/>. Acesso em: 3 fev. 2025.

RODRIGUES, Marco Antonio. "Stanislavski e a tomada de decisão". *Olhares*, São Paulo, v. 7, n. 1/2, 2019.

SCARNATI, James T. "Beyond Technical Competence: A Passion for Persistence". *Career Development International*, Bradford, v. 3, n. 1, pp. 23-5, 1998. Disponível em: <doi.org/10.1108/13620439810368592>. Acesso em: 3 fev. 2025.

SHAPIRO, Lawrence; SPAULDING, Shannon. "Embodied Cognition". *The Stanford Encyclopedia of Philosophy*, Palo Alto, outono 2024. Disponível em: <plato.stanford.edu/archives/fall2024/entries/embodied-cognition/>. Acesso em: 3 fev. 2025.

TIPOLOGIA  Miller e Akzidenz
DIAGRAMAÇÃO  acomte
PAPEL  Pólen Natural, Suzano S.A.
IMPRESSÃO  Lis Gráfica, julho de 2025

A marca FSC® é a garantia de que a madeira utilizada na fabricação do papel deste livro provém de florestas que foram gerenciadas de maneira ambientalmente correta, socialmente justa e economicamente viável, além de outras fontes de origem controlada.